複雑系と建築・都市・社会

日本建築学会　編

地下鉄大江戸線飯田橋駅（P.11）

ジオメトリック・スクウェア（P.15）

Storey Hall (P.16)

如庵 (P.19)(撮影:新宮清志)

ZONA（白石市特別養護老人ホーム・ケアハウス）(P.27)

Dutch Pavilion for EXPO 2000 HANNOVER
（ハノーヴァー国際博覧会2000　オランダ館）(P.28)

出雲ビックハート（P.45）

誘導都市（The Induction Cities）（P.47）

イスラム都市の街なみ（P.53）

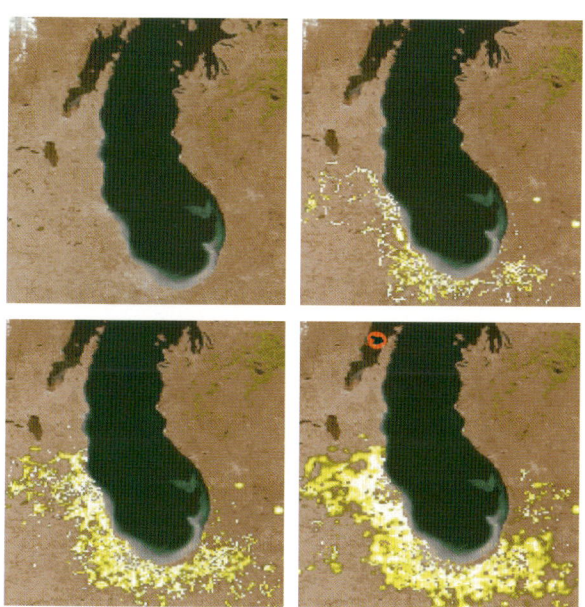

セルラーオートマタによる都市スプロールのシミュレーション（sprawlsim）（P.55）

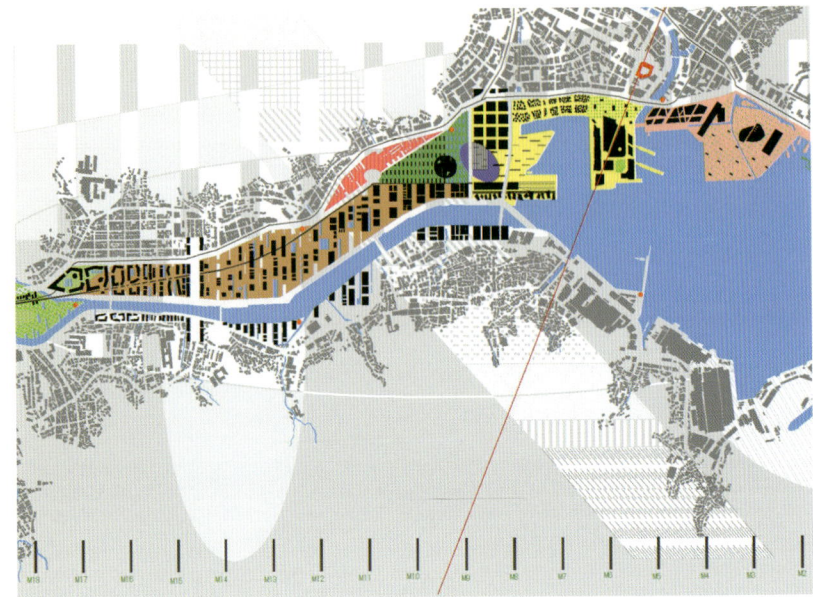

長崎アーバンルネサンス2001「長崎マスターイメージ」(P.58)

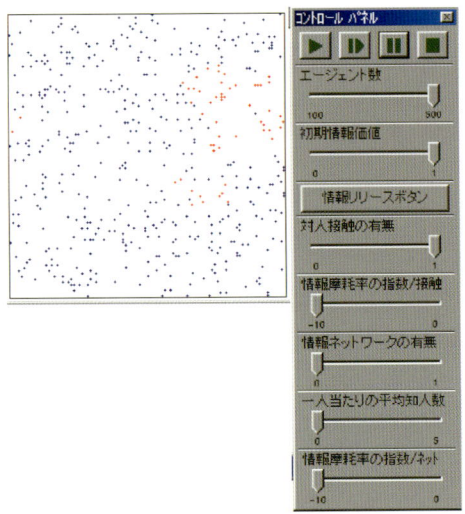

構造計画研究所／創造工学部(P.63)

複雑系と建築・都市・社会／目次

第1章　複雑系とは　　*1*

第2章　体感としての複雑系――複雑系散策　　*7*

はじめに ……………………………………………………… *8*
（1）建築
　1．ベイステージ下田 ……………………………………… *9*
　2．京都コンサートホール ………………………………… *10*
　3．地下鉄大江戸線飯田橋駅 ……………………………… *11*
　4．横浜港大さん橋国際客船ターミナル ………………… *12*
　5．桐生市市民文化会館 …………………………………… *13*
　6．トラス・ウォール・ハウス …………………………… *14*
　7．ジオメトリック・スクウェア ………………………… *15*
　8．Storey Hall ……………………………………………… *16*
　9．つくばエキスプレス・柏の葉キャンパス駅 ………… *17*
　10．メメ・ファシスト ……………………………………… *18*
　11．如庵 ……………………………………………………… *19*
　12．モンダドーリ出版社本社 ……………………………… *20*
　13．ノルディッチェ・デレンドルフのマスタープラン … *21*
　14．ハウス・イメンドルフ ………………………………… *22*
　15．Ether／I ………………………………………………… *23*
　16．「海市」計画 …………………………………………… *24*
　17．CUBE（白石市文化体育活動センター） …………… *25*
　18．Guggenheim Museum Bilbao（グッゲンハイム美術館） … *26*
　19．ZONA（白石市特別養護老人ホーム・ケアハウス）… *27*

20. Dutch Pavilion for EXPO 2000 HANNOVER
　　（ハノーヴァー万博　オランダ館）……………………………… 28
21. Museum of Human Evolution（人間進化の博物館）…………… 29
22. The Portuguese Pavilion
　　（ハノーヴァー国際展覧会2000　ポルトガル館）………………… 30
23. Silicon Hill ……………………………………………………… 31
24. Bit-Isle …………………………………………………………… 32
25. The Museum of Art and Technology, Eyebeam Atelier ……… 34
26. Bridge, Arts & Science College ……………………………… 35
27. グッゲンハイム東京コンペティション・
　　プロジェクト2001 ……………………………………………… 36
28. EXPO.02 Yverdon-les-Bains Arteplage : The Cloud ………… 37
29. Federation Square ……………………………………………… 38
30. Serpentine Gallery Pavilion 2002 …………………………… 39
31. Sagrada Familia ………………………………………………… 40
32. EMP ……………………………………………………………… 41
33. V&A美術館 ……………………………………………………… 41
34. Sendai Mediatheque …………………………………………… 42
35. 北方町生涯学習センター ……………………………………… 43
36. グラスオフィス・ヒロシマ　新川電機中国支社 ……………… 44
37. 出雲ビックハート ……………………………………………… 45

(2) 都市

38. 誘導都市（The Induction Cities）……………………………… 46
39. 古代ローマ ……………………………………………………… 48
40. サッカー ………………………………………………………… 49
41. 人の歩行と視線 ………………………………………………… 50
42. 横断歩道 ………………………………………………………… 51
43. 人の座る位置 …………………………………………………… 52
44. イスラム都市の町並み ………………………………………… 53

45. 都市の人口規模順位とジップの法則 ……………………… 54
　　46. セルラーオートマタによる
　　　　都市スプロールのシミュレーション ……………………… 55
　　47. Web上のグループウェアによる
　　　　施工スケジューリングの自己組織化 ……………………… 56
　　48. まちの個性の自己組織化(神戸市中央区下山手通) ……… 57
　　49. 長崎アーバンルネサンス2001「長崎マスターイメージ」… 58
　　50. 白石メディアポリス ………………………………………… 60

(3) 社会
　　51. 構造計画研究所／創造工学部 ……………………………… 62
　　52. 名古屋大学人間情報学研究科／有田研究室 ……………… 65
　　53. 国際電気通信基礎技術研究所(ATR研究所) …………… 65
　　54. マクロとミクロのリンク …………………………………… 66
　　55. 音の出るオブジェ …………………………………………… 67
　　56. 種の棲み分けのシミュレーション ………………………… 68
　　57. 渋滞 …………………………………………………………… 69

第3章　複雑系の基礎理論 ………………………………… 71

3.1 キャスティ定義～社会現象と複雑系 ……………………… 72

3.2 マルチエージェントシステム ……………………………… 75

3.3 セル・オートマトン ………………………………………… 77
　　3.3.1 はじめに ……………………………………………… 77
　　3.3.2 ライフゲーム・ブーム ……………………………… 77
　　3.3.3 セル・オートマトンの方法 ………………………… 78
　　3.3.4 1次元セル・オートマトン ………………………… 79
　　3.3.5 λパラメータ ………………………………………… 80

3.3.6 動くセル・オートマトン ……………………………………… *81*

3.4 遺伝的アルゴリズム …………………………………………… *84*
  3.4.1 生物進化と問題解決 …………………………………………… *84*
  3.4.2 遺伝的アルゴリズム …………………………………………… *84*
  3.4.3 GAの発展形 …………………………………………………… *87*

3.5 ニューラルネットワーク ……………………………………… *88*
  3.5.1 基本原理 ………………………………………………………… *88*
  3.5.2 各種ニューラルネットワークのタイプ ……………………… *89*
    (1) 階層型ネットワーク ………………………………………… *89*
    (2) 相互結合型ネットワーク …………………………………… *90*
  3.5.3 バックプロパゲーションアルゴリズム ……………………… *90*

3.6 カオス ……………………………………………………………… *92*
  3.6.1 ロジスティック写像 …………………………………………… *92*
  3.6.2 位相平面とポアンカレ写像 …………………………………… *94*
  3.6.3 振動系のカオスとジャパニーズアトラクタ ………………… *95*
  3.6.4 様々な現象におけるカオス …………………………………… *96*

3.7 フラクタル ………………………………………………………… *97*
  3.7.1 フラクタルとは ………………………………………………… *97*
  3.7.2 フラクタルの定義 ……………………………………………… *97*
  3.7.3 自然界を含む実世界のフラクタル …………………………… *102*

第4章　複雑系の研究 …………………………………………… *105*

4.1 建築 ………………………………………………………………… *106*
  4.1.1 フラクタルを用いた建築骨組 ………………………………… *106*
    (1) はじめに ……………………………………………………… *106*

(2) 反復関数システム(IFS)を用いた建築骨組の形状生成 ……… *106*
　　(3) 解析および適用例 …………………………………………… *111*
　　(4) まとめ ………………………………………………………… *114*
　4.1.2 免震構造物の非線形挙動 ………………………………………… *115*
　　(1) はじめに ……………………………………………………… *115*
　　(2) 免震構造物のモデル化と数値解析方法 …………………… *116*
　　(3) 質点系の大振幅地動に対する非線形応答 ………………… *117*
　　(4) 非減衰振動系の非周期的振る舞いとカオスアトラクタ ……… *120*
　4.1.3 フラクタル次元による茶室空間の分析 ………………………… *122*
　　(1) はじめに ……………………………………………………… *122*
　　(2) フラクタル次元の有効性 …………………………………… *123*
　　(3) 分析方法 ……………………………………………………… *123*
　　(4) 比較及び考察 ………………………………………………… *126*
　　(5) おわりに ……………………………………………………… *130*
　4.1.4 次世代複雑系データセンター(Integrating Data Center)
　　　　のシステム …………………………………………………… *131*
　　(1) 「建築のデータセンター化／
　　　　データセンターの建築化」の流れ ………………………… *131*
　　(2) データセンターの建築モデル ……………………………… *131*
　　(3) 研究グループの編成 ………………………………………… *134*
　　(4) 活動とプロジェクト ………………………………………… *135*

4.2 都市 ……………………………………………………………………… *144*
　4.2.1 セル・オートマトンを適用した宅地再配置による
　　　　コンパクト・シティ ………………………………………… *144*
　　(1) はじめに ……………………………………………………… *144*
　　(2) シミュレーションの条件設定 ……………………………… *145*
　　(3) シミュレーション結果と分析 ……………………………… *147*
　　(4) 考察とまとめ ………………………………………………… *151*
　4.2.2 都市づくり・まちづくりと複雑系モデリング ………………… *152*

(1)	はじめに	152
(2)	複雑系モデリングとはなにか？	153
(3)	エージェントの相互作用が形成する複雑系のモデリング	161
(4)	複雑系モデリングと都市システム	166
(5)	おわりに	170

4.2.3 都市の土地利用パタン形成の進化的な
　　　マルチエージェントシミュレーション … 174
　(1) はじめに … 174
　(2) モデル … 174
　(3) シミュレーション … 176
　(4) まとめ … 179

4.2.4 都市における商業用地の成長シミュレーション … 179
　(1) 複雑系と都市の成長現象 … 179
　(2) 都市の商業用地の成長モデル … 180
　(3) 渋谷区と港区の商業用地の成長 … 181

4.3 社会 … 186

4.3.1 マルチエージェントシミュレーションによる人間－環境－
　　　社会システムの解析 … 186
　(1) はじめに … 186
　(2) 口コミによる噂の伝播 … 187
　(3) 大学－学会モデルアカデミックソサエティの盛衰予測 … 192

4.3.2 顧客満足度を考慮した建築構造目標性能指標の設定法 … 198
　(1) はじめに … 198
　(2) 耐震性能に対する満足度アンケート調査 … 198
　(3) ファジィ理論による満足度の数値化 … 200
　(4) 各満足度と層間変形角 … 201
　(5) 目標設計指標の設定 … 201
　(6) おわりに … 203

4.4 複雑系マネジメント……………………………………………… 204
  4.4.1 コンピュータで結ばれた建築生産集団における
      自律的な管理組織の形成……………………………………… 204
  （1）インターネットで結ばれた複雑系人間集団の生成…………… 204
  （2）高度コンピュータ利用社会における複雑系集団の出現……… 205
  （3）建築市場集団の複雑系としての振る舞い……………………… 209

第1章　複雑系とは

複雑系とは

　複雑系を認識し科学することは、21世紀の人類に知の革命をもたらすものと期待されている。

　複雑系としては、生命、大脳、都市、社会、生態系などが相当する。それらは要素に分けて各々を理解しても、要素の寄せ集めである全体の振る舞いを説明できないという厄介な性質を持っている。それらは、20世紀迄の科学の中心をなす要素還元主義的な思考[※1)]では解明できないのである。客観性や検証性を有する学問とするため複雑系科学という名前を付しても、その科学はもはや従来の科学ではないことに注意しなければならない。

　複雑系とは何かという問に対する比較的分かり易い答えは、本書の第3章でも述べるCasti(キャスティ)の定義である[1)2)]。キャスティの定義による複雑系のモデルは、次のような特徴を持つ。(1)モデルを構成する要素(エージェント)の数は、中程度。(2)エージェントは知性を持つ。(3)エージェントは局所的情報に基づき相互作用する。これを満たせば複雑系と判断して良い。しかしながら、一方で複雑系の定義は研究者によりまちまちで、全ての研究の共通項を取れば、何もなくなってしまうとまで言われている。複雑系という科学思想は、まだ生まれたばかりで、その帰着する行方など現時点では予測不可能なのである。こうした複雑系は、終わりなき生々流転の様相を呈し、非線形、ダイナミズム、自己組織化、創発などのキーワードで形容される。現時点では、コンピュータによるツールモデルとして、マルチエージェントモデル、セルオートマトン、カオス、フラクタル、などが開発され実用化されている。局所的な法則や原理が繰返しと集積を経て全体として全く様相の異なったシステムを形成する創発の過程のシミュレーションは、コンピュータによる他はないのである。複雑系に関する解説書としては、文献[3)]が網羅的でかつ本質にも迫るものである。複雑系科学は、1980年代中頃にGeorge Cowan(ジョージ・コーワン)が設立したサンタフェ研究所を中心として、物理学や生命工学、経済学にいたる学際的な土壌の中で産み出され今日に至っている[4)]。それ故、複雑系の根底には、森羅万象に対する哲学とも言える部分が潜んでいるかのように見える。

複雑系科学の系譜としては、Hegel（ヘーゲル）やMarx（マルクス）の弁証法を起点としてサイバネティックス、ホロン、人工知能、人工生命などに続くものと考えられるが、従来の科学と複雑系科学の違いを直観的に理解するには、Cezanne（セザンヌ）とKandinsky（カンディンスキー）の絵画の比較を提案したい。

Cezanneの有名な言葉に「自然は円筒形、球、円錐形としてとらえられる。」がある[5]。Cezanneは、近代絵画の父と言われ、キュービズムの画家たちに大きな影響を与えた。彼は自然を見えるままではなく、形と色の本質を描こうとした。晩年によく描いたサント・ヴィクトワール山は、青、黄、緑、茶褐色といった色彩の矩形モザイクの集合として還元されている[6]。Cezanneの考え方は要素還元主義に基づくものであり、近代科学の手法と合致する。即ち、自然を直視し、その構成要素を直観的にも分かり易い簡潔な形でとらえ、それらの再構成として描こうとするものである。

一方、抽象絵画の父といわれるKandinskyの作品は、一見生命や混沌を窺わせるものが多いが、特にバウハウス時代以降においては、彼独自の造形言語や法則に基づく構成的なものである[7]。にもかかわらず、彼の抽象絵画の特色は、用いられた色や線、形態の集合が要素自身を超えて、見る者を画面全体の語ろうとする空間世界へ誘い込むところにある[8]。画面は動的であり、見る者の連想によって変化し続けるのである。Kandinskyの画法は、複雑系のコンセプトに類似しているのではないか。

図1-1 セザンヌ風
「モザイク的サント・ヴィクトワール山」
（by 河村）

図1-2 カンディンスキー風
「創発的赤い色の小さな夢」
（by 河村）

上記の見解を検証する意味で、彼らの手法に基づいて筆者が描いたセザンヌ風の「モザイク的サント・ヴィクトワール山」とカンディンスキー風の「創発的赤い色の小さな夢」を白黒であるが図1-1、1-2に示す。前者は、風景画を基にモザイク的に区画し各々に濃淡の異なるグレイを付したものである。後者は、幾つかの基本的な図形要素を気の向くまま配置していったものである。前者では手本があるが、後者は感覚と偶然のみによっている。

　考えてみれば、美術、音楽などの芸術作品や文学作品には、人間が創造した複雑系である場合が多い。しかし、一般には、創作過程が極めて個性的であり、作品も人の心や感性に訴えることを主目的とするので、厳密には複雑系科学の対象とはならず、そのカテゴリィにも属さない。

　一方、現代アートに属すると思われるものに、フラクタルを応用したCG（コンピューターグラフィックス）やカオスを応用した動く彫刻などがあるが、アルゴリズムが科学技術的に明示的であることが他の現代アートとは一線を画する。

　面白いことに、コンピュータによらないフラクタルな抽象画がPollock（ポロック）によって描かれている。カンバスにペイントをたらす「ドロップペインティング」により何ヶ月もかけて描くことで、フラクタル絵画を理論に先駆けて仕上げた彼の直観には脱帽させられる。物理学者のTaylor（テイラー）は、嵐の中に揺れ動く木の枝に絵の具入りの容器を付け、一晩でPollockの作品に類似のフラクタル絵画を自動的に描かせたそうで[9]、ここに、自然とカオスとフラクタルの接点を見ることができよう。

　このように、複雑系のコンセプトや手法をいち早く採り入れるアートは実に柔軟で奥深いものを持っている。確かに、そのカバーするカテゴリィは、具象－抽象、現実－超現実、主観－客観、論理－情緒のように各コンセプトの両極端に及んでいる。

　そこで強調したいのは、生命、大脳、都市、社会、生態系などの複雑系を解明するには、芸術や文学作品の創造の手法を模しつつ、科学的、技術的に行うことは、極めて有力なアプローチではないか、ということである。学問としては未だ萌芽期であるので、自由な構想力、構成力、創造力、想像力、そしてデザイン力が不可欠である。例えば、マルチエージェントモデルを応用する場合

は、テーマを決め、舞台を設定し、そして登場人物と彼らのキャラクターを与えてドラマを演じさせるのと類似の手続きがなされる。自然や生命に対しても、外側から眺めるのではなく、内側からその成り立ちと営みを演じさせるのである。アートではいかに人の感性の琴線に触れるかに作品の出来不出来がかかっているのに対して、複雑系の作品では、いかに実在する（したかまたはするであろう）存在の正鵠を衝いているか、更には、その手法や成果における一般性、応用性、客観性、普遍性などの多寡が、その価値を決めるのである。

以上を要約すれば、複雑系は科学するというよりも、むしろ演出するのに相応しいシステムと言えよう。一方、建築、都市、社会というのは、自然の中にあって多種多様な生命を育みながら、多くの人間がそれぞれ異なる意思を持って創出するものである。従って、それらの本質の解明のみならずデザイン手法に関しても、複雑系のパラダイムから外れては一切が生気を失うであろう。

〈河村・朝山〉

参考文献

1) ジョン・L・キャスティ、中村和幸訳：複雑系による科学革命、講談社、1997
2) 今野紀雄：図解雑学複雑系、ナツメ社、1998
3) 井庭崇、福原義久：複雑系入門、ＮＴＴ出版、1998
4) ミッチェル・ワールドロップ,M、田中三彦・遠山峻征訳：複雑系、新潮社、1996
5) マーフィー,W.R.著、タイムライフブックス編集、高階秀爾日本語版監修、田代中徳日本語版編集責任者：巨匠の世界、セザンヌ、1839-1906、タイムライフブックス、1979
6) 志村節子：プロヴァンスの光十選、セザンヌ「サント・ヴィクトワール山」、日本経済新聞（朝刊）、2002.11.4、pp.32.
7) カンディンスキー,W.、宮島久雄訳：点と線から面へ、中央公論美術出版社、1995
8) 有川治男編集・解説：Kandinsky カンディンスキー、講談社、1996
9) テイラー,R.P.：ポロックの抽象画にひそむフラクタル、日経サイエンス、第33巻、第3号、2003.3、pp.62-68.

※1) 要素還元主義
　ニュートン以後、今日にいたる科学の主流となる思考方法で、ものごとを「基本構成要素」に分解して、ものごとの性質をそれら構成要素の性質に還元して説明する考え方を言う[2]。

第2章　体感としての複雑系
―複雑系散策

はじめに

「体感としての複雑系－複雑系散策」と題した本章では、複雑系という考え方を直感的かつ気軽に理解して頂くために、建築、都市、社会の中から関連がありそうな事例を紹介することを試みた。身近な複雑系の世界を散歩していただこうとの主旨である。複雑系とは何かという問に対して、Casti（キャスティ）の定義が有名であるが、科学哲学とまで言われる複雑系の概念は、まだ新しく、広い分野を包含しており必ずしもはっきりと定義されているわけではない。ここで、紹介する事例は、そうした広範囲なものを含んでおり、科学的なアルゴリズムが明示できるものから、複雑系というキーワードが表す世界観からヒントやインスピレーションを受けたものまで幅広いことをおことわりしておきたい。

1. ベイステージ下田　　　　　　　　　　建築

写真 2.1-1　デッキより南西側

写真 2.1-2　海側道路からの外観

写真 2.1-3　北側からの通り抜け

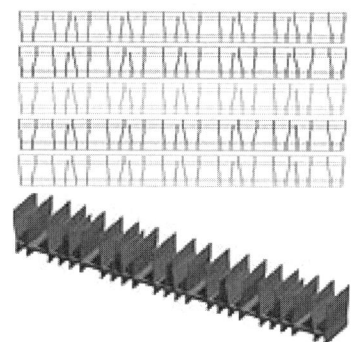

写真 2.1-4　カオスの波形から作られた不規則な構造体

データ
所在：静岡県下田市外ヶ岡 1-1
意匠：シーラカンス K&H／設計協力　エーエーラボ
構造：オーク構造設計
設備：科学応用冷暖研究所(機械設備)、設備計画(電気設備)、角舘政英光環境計画
施工：東急・河津特定建設工事共同企業体
2001 年

解説

　下田湾に面したこの建築は、歴史展示を主体とした交流施設である。柱の間隔と方向に不規則さを与えるため、$X_{n+1}=X_n^2 - a$（X：任意の実数、a：パラメータ）の非線形写像によって生み出されるカオスの振動波形が用いられている。その波形は、構造体としての最大・最小スパンを満たすこと、建物の機能的要求、内部ボリュームなどの条件を満たすよう構造体に変換されている。

2. 京都コンサートホール　　　　　　　　　建築

写真 2.2-1　フラクタルと 1/f ゆらぎに基づく天井照明

写真 2.2-2　ホール内観

写真 2.2-3　ホールの外観

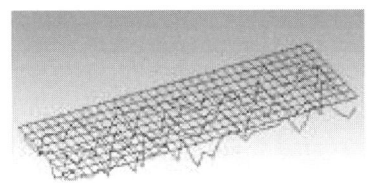

写真 2.2-4　フラクタル波形と突起物状照明

データ
所在：京都府京都市左京区下鴨半木町 1-26
意匠：磯崎新アトリエ／磯崎　新／設計協力　エーエーラボ
構造：川口衛構造設計事務所
設備：環境エンジニアリング
音響：永田音響設計
施工：清水・東急・要・岡野建設共同企業体
　　　1997 年

解説

　1,800 席のシンフォニー専用大ホールと 500 席の小ホールを持つこの建物では、音の拡散のために天井面のグリッドに置かれた突起物状照明の大きさを、山脈を描くフラクタル波形の高さから定め、その取り付け位置に 1/f ゆらぎで不規則さを与えている。

3. 地下鉄大江戸線飯田橋駅　　　　　　　　　　　　　建築

写真 2.3-1　天井を這うウェブフレーム

写真 2.3-2　駅入り口

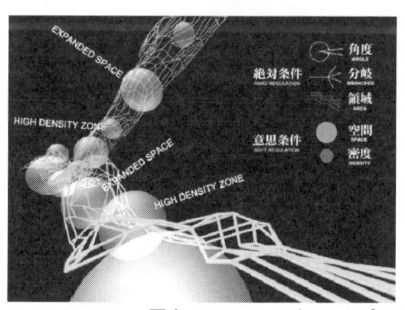

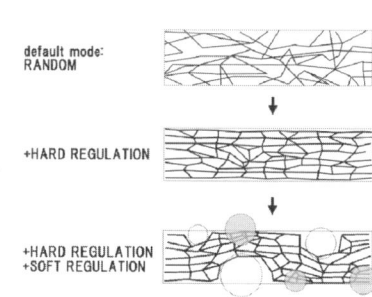

写真 2.3-3　コンピュータプログラムが発生させるウェブフレーム

```
データ
所在：東京都文京区後楽 1-9-5
意匠：アーキテクツ オフィス／渡辺　誠
構造：第一構造他
設備：パシフィックコンサルタント
施工：熊谷・白石・森・阪田建設共同企業体　2000 年
```

解説

　この建物では、コンピュータプログラムが、頭上のクリアランスや地下構造体など設計者が守らねばならない「設計の条件」とフレーム形状の膨らみや密度など「設計者の意志」を満たしながら、空間に広がる植物のようなウエブフレームを Generating Program で発生させている。複雑系としての建築を世界で初めて実現した事例である。［2002 年日本建築学会賞(作品)］

11

4. 横浜港大さん橋国際客船ターミナル　　　　　建築

写真 2.4-1　大桟橋外観

写真 2.4-2　内部と外部つなぐ軌道のような通路

写真 2.4-3　自然地形のようなアプローチ

写真 2.4-4　折板構造による大空間

```
データ
所在：神奈川県横浜市中区海岸通 1-1
意匠：Foreign Office Architects／アレハンド
　　　ロ・ザエラ・ポロ、ファーシッド・ムサビ
構造：構造設計集団(SDG)／渡辺邦夫　他
設備：森村設計
施工：清水、東亜建設工業・東亜建設産業・日本鋼
　　　管工事・松尾建設共同企業体・鹿島・フジ
　　　タ・相鉄・工藤建設共同企業体・戸田・東
　　　急・山岸・駿河建設共同企業体　2002 年
```

解説

　横浜港に突き出た自然の地形のようなこの建物は、折板構造によって支えられている。遺伝的アルゴリズムの建築への応用に興味を示すムサビとポロは、教鞭をとった AA スクールで実験も行っているが、この建物でそれが使われた形跡はない。しかし、コンピュータ科学に理解を示す設計者が、カオスの非周期性や位相空間内の軌道の形状に影響を受けて空間を構成したと思われる雰囲気はある。

5. 桐生市市民文化会館　　　　　　　　　　　建築

写真 2.5-1　建物外観

写真 2.5-3　大屋根裏側のペンローズパターン

写真 2.5-2　天井面のペンローズパターン

```
データ
所在：群馬県桐生市織姫町 2-5
意匠：坂倉建築研究所東京事務所
構造：松井源吾＋O.R.S.事務所
設備：総合設備計画
施工：熊谷組　1997 年
```

解説

　今日のハイテク技術と桐生の歴史に通底する「繭」をイメージした曲面屋根を持つこの建物では、数学者ペンローズが考案したペンローズパターンと呼ばれる非周期的な模様が、大屋根下面全体の装飾に使われている。

6. トラス・ウォール・ハウス　　　　　　　　建築

写真 2.6-1　トラス・ウォール・ハウス全景

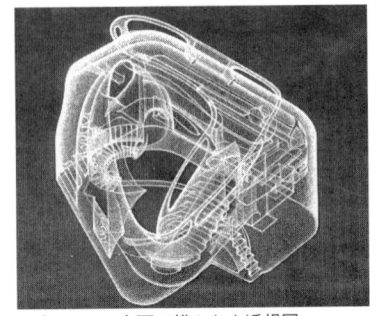

写真 2.6-2　点画で描かれた透視図

写真 2.6-3　アプローチ

写真 2.6-4　玄関

```
データ
所在：東京都町田市
意匠：E・U・A（旧ウシダ・フィンドレイ・パ
　　　トナーシップ）
構造：早稲田大学田中研究室（1993年当時）／
　　　田中彌壽雄　ほか
設備：木村建一
施工：(株)トラス・ウォール・ハウス
```

解説

　流体的、生命体、自己相似を繰り返す螺旋運動などと評されるこの住宅について、設計者の説明は「ランドスケープとしての建築」と明快で、シンプルである。敢えて点の集合体で描いたこの曲面的な建物の透視図は、位相空間に浮かぶカオスアトラクタによく似た表現になっているが、この建築への解釈はあくまで設計者の述べた通りとすべきであろう。

7. ジオメトリック・スクウェア　　　　　建築

写真 2.7-1　小広場とオブジェ

写真 2.7-2　路地の非周期的模様

写真 2.7-3　フラクタルなトラス構造を持つ屋根

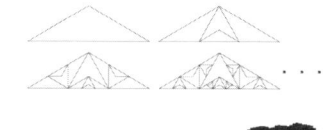

写真 2.7-4　デザインのジオメトリー（フラクタルとゆらぎ）

データ
所在：東京都千代田区神田錦町 2-2
意匠、構造：情報・設計工学研究室／朝山秀一　ほか
設備：久保工設計部
施工：(株)久保工　2001 年

解説

　キャンパス（東京電機大学）の環境改善を目指して作られた小さな広場と路地は、カオスをイメージした非周期的模様や Sierpinski（シルピンスキー）のカーペットとして知られるフラクタルが使われている。屋根にはフラクタルな形状をしたトラス構造が使われているほか、駿河台のスカイラインから抽出したゆらぎがオブジェの高さに変化を与えている。

8. Storey Hall　　　　　　　　　　　　　　　建築

写真 2.8-1　Facade

写真 2.8-2　Hall 内部

写真 2.8-3　階段部分

写真 2.8-4　Hall 内部

```
データ
所在：スワントン ストリート，メルボルン，
　　　オーストラリア（Swanston Street,
　　　Melbourne, Australia）
意匠：ARM／Ashton Raggatt McDougall
　　　（Howard Raggatt）
構造：John Mullen and Partners
施工：Hansen Yunchen 1996
```

解説

　メルボルン工科大学(Royal Melbourne Institute of Technology)内にあり、750席のホールと芸術・展示などのギャラリーを持つこの建物では、立体化したペンローズパターンがホール内外に使われている。自己相似的で非周期的なこの装飾により、ホールの内部は幾何学的でありながら自然の洞窟のような雰囲気でもある。自然が持つ形の特徴をジオメトリーの共有で建築に与えた例と解釈できる。

〈朝山〉

9. つくばエキスプレス・柏の葉キャンパス駅　　建築

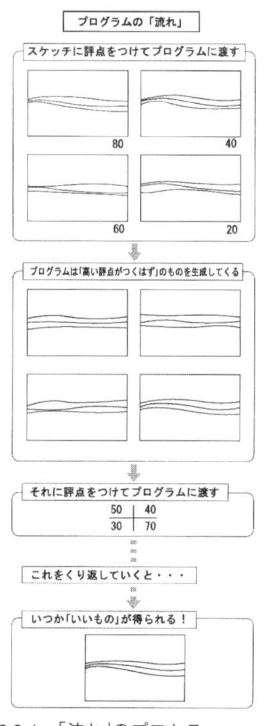

図 2.9-1　「流れ」のプロセス

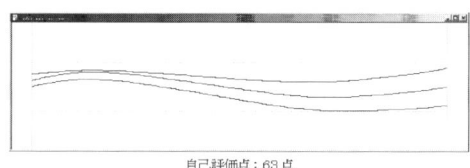

自己評価点：63点

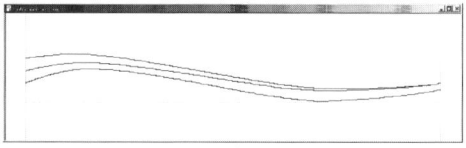

自己評価点：64点

図 2.9-2　自動生成された「流れ」

写真 2.9-1　完成予想図

データ	
所在：千葉県柏市若柴（建設中）	意匠：アーキテクツ オフィス／渡辺 誠
構造：東京建築	施工：鹿島建設
竣工：2005年予定	

解説

　数本の曲線が形作る「流れ」を、設計者の評価点に基づいてニューラルネットで学習させ、遺伝的アルゴリズムを用いて新しい「流れ」を創造する。設計者はそれを評価してシステムに戻す。これを繰り返すうちに、設計者の評価点の高い新しい「流れ」をプログラムが生み出すようになる。「よいもの」の定義なしに「よいもの」を手に入れるまったく新しい構想のプログラム。この駅舎では、こうしたシステムを基に「流れ」を造り、壁面の設計を発生させようとしている。　〈小林〉

10. メメ・ファシスト　　　　　　　　建築

写真 2.10-1　東面ファザード(著者作成)

データ
所在：Brussels, Belgium
意匠：Atelier LUCIEN KROLL
竣工：1970 年

解説

　本建築はルーバン・カソリック大学の施設棟のひとつであり、医学部学生寮としての機能を有する。その居住部分において、クロールは将来の居住者である学生自身に間仕切りの配置や窓、壁のユニットの選定を委ね、結果として多様性に富んだ形態を生み出している。しかし、平面におけるクロールの仕掛けたモジュールや、個々ユニットの種類の制限等、一見無秩序に見える計画や形態の中にも一定の規範が隠されており、自由と拘束との狭間におけるジレンマが、意匠に緊張感を与えている。

11. 如庵　　　　　　　　　　　　　　　　　　　建築

写真 2.11-2　茶道口より躙口側を見る
（淡交別冊 3 月号 愛蔵版 No.6 p.13 より転載）

写真 2.11-1　点前座と床柱
（淡交別冊 3 月号 愛蔵版 No.6 p.14 より転載）

写真 2.11-3　暦の腰張り
（淡交別冊 3 月号 愛蔵版 No.6 p.14 より転載）

データ
所在：愛知県犬山市御門先　有楽苑
由緒：織田有楽により建仁寺塔頭正伝院・隠居
　　　所内に建立．元和 4 年(1618)前後．
参照：恒成一訓・伊藤ていじ・横山正共著「数
　　　寄屋 建築と庭園」毎日新聞社, 1980

解説

　如庵において目立つ創意は様々であるが、鱗板や有楽窓等の他、腰壁に為された古い暦による腰張りも挙げられる。暦は文字列による縦方向のラインと区切りとしての横方向のライン、さらに余白により構成されており、それをコラージュ的に配することにより、内部全体の意匠を構成する柱や横架材の縦横無尽に配された様の縮小版とも見て取れ、部分と全体における自己相似的な面白さを読み取ることができる。

19

12. モンダドーリ出版社本社　　　　　　　　　　建築

図 2.12-1　正面（著者作成）

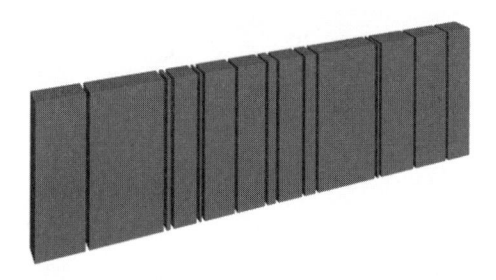

図 2.12-2　フラクタル次元が約 1.6 のリズムを利用して作成した柱列（筆者作成）

データ
所在： Milan, Italy
意匠： Oscar Niemeyer
竣工： 1975 年

解説

　本建築の主用途はオフィスであり、ガラスとスチールから成る立方体の本館は、スパンが 3 m から 15 m まで様々な大きさのアーチに支えられており、結果としてリズム感のあるファサードを形成している。これはニーマイヤーがフリーハンドで設計したものをそのまま採用した為であるが、フラクタルリズムを生み出すスケールの分布を利用することでも、これに近い造形を得ることができる。

〈新宮・佐藤〉

13. ノルディッチェ・デレンドルフのマスタープラン　建築

写真 2.13-1　ノルディッチェ・デレンドルフの
マスタープラン
ⒸCourtesy of Eisenman Architects

データ
設計：ピーター・アイゼンマン
計画：1992 年

解説

　16、17 世紀の中世の城壁都市の時代から 19、20 世紀の産業の世紀までの急激な都市成長を経て交通を中心とした都市形態となってしまっている都市に対し、情報、殊に電子情報の時代に向けての都市形態への変容を計画している。その形態は、複雑系から発想され、あたかもレーダー波のモワレ模様を想わせながら、それが新しい秩序をジェネレートしていくことが期待されている。

14. ハウス・イメンドルフ　　　　　　　　　建築

写真 2.14-1　構造システムの検討用模型

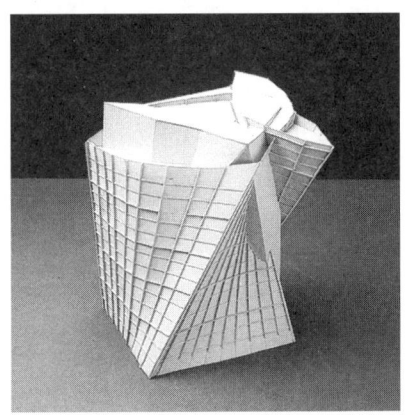

写真 2.14-2　ソリトン波による
　　　　　　三次元ヴォリューム模型

```
データ
設計：ピーター・アイゼンマン
計画：1993 年
```

解説

　デカルト幾何学や比例調和などといった伝統的で保守的な建築理念を打破するため、ピーター・アイゼンマンはソリトン波の三次元ヴォリューム変換を繰り返しながら、ハウス・イメンドルフの形態を生み出している。

15. Ether／I〈エーテル(天空)／アイ(私)モニュメント〉　建築

写真 2.15-1　ラティス状に組み上げられた
　　　　　　アルミ製のオブジェ

写真 2.15-2　ラティス状の連続体として 20m を超える
　　　　　　長さのオブジェ

データ
設計：dECOi(デコイ)
竣工：1995 年

解説

　ラディカルなバレエ振付師ウィリアム・フォーサイスを検証することから得られる不可解なフォルムとパラレルな形態を生み出していくために、複雑適応系に形態形成の方法を求めている。

16.「海市」計画　　　　　　　　　　　　建築

写真 2.16-1　プロトタイプの模型

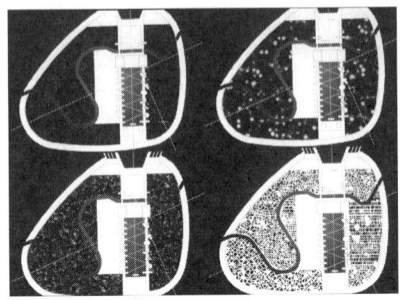

写真 2.16-2　都市の街路パターンの生成プロセスの模型

データ
設計：磯崎新アトリエ
計画：1996 年

解説

　本計画は、中国の珠海市の面積約 4 ha の人工島計画である。ここでは街路パターンの発生過程を人工生命のアルゴリズムを用いてシミュレートしている。
　白紙に近い状態から計画できる点に着目し、都市の発生過程を思わせる様相が再現できるという予測のもとに、一見すると複雑でランダムな生命現象や都市の形成過程に対して、ある単純なルールを適用し、その現象の再現を試みている。
　なお、本計画は、その発展段階において様々な人々の参加による展開が試みられた。そこでは進化 (evolution) と形態生成 (morphogenesis) などといった複雑系の概念との通底が見られる。

17. CUBE（白石市文化体育活動センター）　　建築

写真 2.17-1　南西側外観

写真 2.17-2　フラクタルの
　　　　　　　コッホ曲線による彫刻

写真 2.17-3　コンサートホールと「宇宙卵」のカフェを
　　　　　　　望むホール内観

データ
設計：堀池秀人都市・建築研究所 竣工：1997 年 ランドスケープモニュメント 意匠：David Phillips（デヴィット・フィリップス　彫刻家）＋堀池秀人

解説

　複雑系の概念に基づく都市づくり「白石メディアポリス」の一連の計画の一つ。ハーバード大、ボストン大等で教える彫刻家 David Philips と堀池秀人のコラボレーションの作品である。2 人のコンセプチュアライジングにおいて、リニアな構成を見せる建築との対比として、議論がノン・リニア、カオスに向かっていった。結果として、David Philips は彫刻家として、フラクタルのコッホ曲線による形態を付与することで応答した。

18. Guggenheim Museum Bilbao（グッゲンハイム美術館）　建築

写真 2.18-1　ネルヴィオン河対岸から見た全景

```
データ
設計：Frank O. Gehry（フランク・O・ゲーリー）
竣工：1997 年
CATIA（フランスの航空機産業で開発された CG
ソフトウェア）による有機的形態
```

解説

　CATIA による三次元デジタイザーから曲面をマッピングして取り込むことで、有機的な自由形態を実現している。

19. ZONA（白石市特別養護老人ホーム・ケアハウス）　　建築

写真 2.19-1　稜線を切り取ってもうけられたパティオと池

写真 2.19-2　稜線を切り裂くクレバス状のスリット

写真 2.19-3　「へび塚」の痕跡をとどめる便所の塊

データ
設計：堀池秀人都市・建築研究所
竣工：1998 年

写真 2.19-4　丘陵に埋没した南東側外観

解説

　人々の街の風景の記憶に、重要な役割を果たす輪郭としての丘のスカイライン稜線を残すために、建築の大半の部分を地面下に設営している。工事に際して壊さざるを得なかったスカイライン稜線を形態復元するため、スキーマと適応度地形の関係を用い、写真データやスケッチのスキャニング等であわせて検証しながら、屋根の支持構造（鉄骨の天端の位置／レベル出しに適用）を決定し、擬似自然ではあるが、元の風景の再現を試みている。

20. Dutch Pavilion for EXPO 2000 HANNOVER （ハノーヴァー国際博覧会2000 オランダ館）　建築

写真 2.20-1　近未来高密度土地所有モデルを表現した外観パース

写真 2.20-2　適応度地形のモデリングから生み出された内観

データ
設計：MVRDV
竣工：2000 年

解説

　適応度地形の方法を用いて、砂丘等の自然風景の再現を試みると同時に、樹木そのものを強引な接木手法（ジャクスタポジション）で操作しながら建築を構成している。

21. Museum of Human Evolution（人間進化の博物館）　建築

写真 2.21-1　模型

写真 2.21-2　空中写真への模型のスーパーインポーズ

データ
設計：Steven Holl（スティーヴン・ホール）
コンペ時：2000 年

解説

　人間の進化を展示する博物館であることから、文字通り遺伝的アルゴリズムを適用した空間づくりを試みている。そして建築そのものが、自身がクロマティック・スペース（染色体空間）と呼ぶところの上に浮かんでいるというイメージを体現している。

22. The Portuguese Pavilion
（ハノーヴァー国際展覧会 2000　ポルトガル館）　建築

写真 2.22-1　1 階の展示室と天井を見る

データ
設計：Alvaro Siza, Eduardo Souto de Moura
　　　（アルヴァロ・シザ、エドゥルド・ソウト・デ・モウラ）
竣工：2000 年

解説

　組み立て直しの出来るパビリオンとして計画されている。建物の形状は、正方形を基本とした単純化をはかったため、退屈さを招きがちだが、これに対して天井のゆらぎを表明する形態で軽減している。

23. Silicon Hill（シリコン・ヒル）　　　　建築

写真 2.23-1　全景

写真 2.23-2　内観

データ
設計：MVRDV
竣工：2000 年

解説

　自然環境をプログラムに取り込むために、敷地形状を文字通り「持ちあげる」ことで新たな高さを生み出し、花崗岩の地盤と持ちあげられた自然環境の間に「中間の」領域を形成している。その形態形成過程に適応度地形の手法を取り入れている。

24. Bit-Isle（インテグレーティング・データセンター）　建築

写真 2.24-1　入口周り外観

写真 2.24-2　コロケーション・ルーム部分

写真 2.24-3　ビジネスマンズ・スークをオフィス側より見る

写真 2.24-4　インテグレーティング・データセンターの概念モデル

データ
設計：堀池秀人都市・建築研究所
概念構築 システム・基本構想 ＞ 協力：MIT メディア・ラボ
竣工：2001 年

解説

　「建築のデータセンター化」の流れは、図書館のメディアテック化や美術館／博物館のメディア・センター化／クンスト・ハッレ化等々に顕著なように、これまでの様々な建築の形式（ビルディング・タイプ）に次々と無効を宣告しつつある。こうした中、IT化が進行する国々の間では、21世紀のインフラとして注目されるデジタル・インフラ構築の先陣争いが起こっており、その要を成すデータセンターは、今では「次世代複雑系データセンター」と呼ばれる建築、いやシステム・モデルの具現化がせまってきている。

　本計画は、そのシステムの進化形であるSAN（ストレージ・エリア・ネットワーク）の構築をベースとしたインテグレーティング・データセンターの世界初の実証実験モデルである。具体的にはホモジニアスSANにとどまらずヘテロジニアスなSAN環境の初期段階までの実験が行われ成功した。

　設計においても、PCやストレージ機器のキッティングから建築までをシームレスな作業環境で行うことの可能性が確認された。

　計画にあたっては、MITメディア・ラボの協力の下、堀池研究チームとTOKYOの設計体制（堀池秀人都市・建築研究所）のデジタル・コラボレーション・スタジオでその作業の大半が行われた。

　システム設計〜建築設計の流れの中では、シナジェティックス理論、インテグレーション概念が用いられた。

　なお、敢えて触れるならば、一般にシステム設計は構成的手法の積み重ねで行われるものだが、システム・モデルの議論においては、複雑系の概念、殊にその振舞いを計画化するにあたっては、複雑適応系（カウフマン・ネットワークの中のランダム・ブーリアンネットワーク）の方法を用いている。また、ここで言うシナジェティックスは、ビジネス・モデルの検討シーンで多用される「シナジー（相乗）効果」といった用語用法とは一線を画されたい。

25. The Museum of Art and Technology, Eyebeam Atelier
（メディア・アート・ミュージアム、アイビーム・アトリエ）　建築

写真 2.25-1　模型の全景

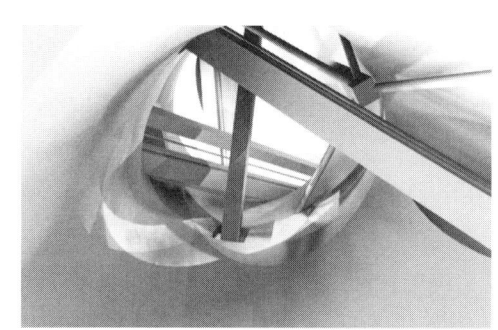

写真 2.25-2　上層階通路の見上げ

```
データ
設計：Preston Scott Cohen（プレストン・スコ
　　　ット・コーエン）
竣工： 2001 年
```

解説

　離散ループによる動線計画、空間プログラムへの遺伝的アルゴリズムの採用、バックミンスター・フラーが提唱したことで知られるテンセグリティ・システムによる立体骨組による構造システムと空間システム、スキャニングによる空間計画等々、多彩な手法を駆使しながら、トグル化した空間を生み出している。総じて、その手法は超弁証法的である。

26. Bridge, Arts & Science College
（ブリッジ・アーツ＆サイエンス・カレッジ）　建築

写真 2.26-1　キャンパス俯瞰

写真 2.26-2　準結晶の格子パターン

データ
設計：小嶋一浩 ⊂ i-NET
計画：2001 年 7 月～ 12 月

解説

　物性の世界で話題になった準結晶の格子パターンのうち、6 次元ポリキューブの 2 次元投象によって得られるパターンは、2 種類の菱形と正方形のみで構成されながら、そのパターンに周期性がない。ここでは、このパターンをダブルスキンのファサードのデザインに用い、パターンの中心をメインのエントランスに据え、無限に広がるパターンのフィールドを各立面で立ち上げたものとなっている。ダブルスキンのパネルは GRC で出来ている。一辺 3,000 mm のパネルは 50 mm の目地を開けてケーブルで支持される。内側の面には彩色が施されており、中東の強い太陽光に照らされ反射した光が、太陽の角度に応じて白色の建物外壁に変化する表情を与える。

27. Tokyo Guggenheim Competition Project 2001
（グッゲンハイム東京コンペティション・プロジェクト 2001）　建築

写真 2.27-1　四季を表す外観のひとつ

```
データ
設計：Jean Nouvel（ジャン・ヌーベル）
CG 作成：Didier Ghislain（ディディエール・
　　　　ギスラン）
コンペ時：2001
```

解説

　グッゲンハイム東京の巨大な空間を仮設でつくるにあたり、日本の自然を、しかも構築された自然環境としてつくろうと考えている。そのため、屋根にあたる架構表現の形態を決定する段階で、適応度地形の方法を参照している。

28. EXPO.02 Yverdon-les-Bains Arteplage : The Cloud
（イヴェルドン・レ・バンのアルトプラージュ：クラウド）　建築

写真 2.28-1　霧に包まれた状態の外観

写真 2.28-2　空撮による霧発生時の外観

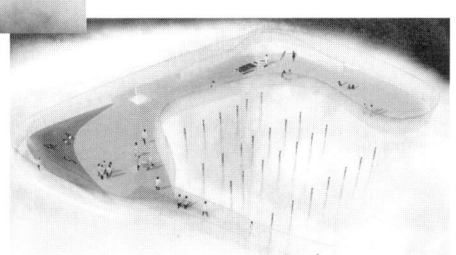

写真 2.28-3　エンジェル・デッキを見る

データ
設計：Diller+Scofidio（ディラー＋スコフィディオ）
竣工： 2002 年

解説

　31,500 個のノズルの水圧をコンピュータで調節しながら、霧を発生させ、予測不可能性に依拠した「blur（ブラー）」の概念による大気の建築を登場させている。テンセグリティによる軽やかな構造のエンジェル・デッキと呼ぶ空間を構築するのみで、他の大部分は霧の建築である。

29. Federation Square
（フェデレーション・スクエア）　　　　　　　建築

写真 2.29-1　オーストラリア映像センターの中央アーケード

写真 2.29-2　南側アトリウム夜景

> データ
> 設計：Lab architecture studio（ラブ・アーキテクチュア・スタジオ）
> 竣工：2002 年

解説

> 　市民と文化の相互浸透性や広場と人々の間の相互作用等に根ざした計画としていくため、偶発性のデザインを採用していくことで、広場に求められる複雑な秩序の形成を試みている。この為、広場に登場するヴィクトリア州立美術館、オーストラリア映像センター、YARRA ビルの各ファサードの形成において、フラクタルの自己相似性の手法を用いている。

30. Serpentine Gallery Pavilion 2002
（サーペンタイン・ギャラリー・パビリオン 2002）　建築

写真 2.30-1　パビリオン外観

写真 2.30-2　パビリオン内部

データ
設計：伊東豊雄建築設計事務所＋アラップ
竣工：2002 年

解説

　ひとつの正方形を回転・拡大させること（バルモンドの幾何形態と呼ばれる）で生成するアルゴリズムを採用し、建築に無限拡張の抽象的イメージを付与している。

〈堀池〉

31. Sagrada Familia　　　　　　　　　　　　建築

写真 2.31-1　サグラダファミリア外観

```
データ
所在：Barcelona
意匠：Gaudi, Anotoni I Cornet
```

解説

　コロニア・グエル教会の吊り下がり模型は形態の力学そのものであっていわば最近のゲーリの設計行為の原型（CATIA の利用と模型製作）とも考えられる。その後、サグラダファミリアの設計へと昇華されていったと考えられる。

※写真提供：前稔文氏

32. EMP　　　　　　　　　　　　　　　　　　　　建築

```
データ
所在： Seattle, USA
意匠： Frank O.Gehry & Associates
構造： Skilling Ward Magnusson Barkshire
施工： Hoffman Construction
```

解説

　再帰的スパイラルな設計プロセス(fluent practice と呼ばれる)により模型-計測-CG と reproduce を繰り返す手法そのものが複雑系の擬似手法と考えられる。また、非ユークリッド幾何形状を蔽うために形状文法(shape grammar)アルゴリズムで金属パネル割付が実行された。また、ファサードの設計「多様な曲面」では BLOB(Binary Large Objects)建築と呼ばれる手法が使われている。

33. V & A 美術館　　　　　　　　　　　　　　　　建築

```
データ
所在： London, UK
意匠： Daniel Libeskind
構造： Cecil Balmond, Ove Arup & Partneres
```

解説

　カオス的スパイラル(螺旋)による全体形態と壁面のフラクタル・タイルのパターンに基づく割付が採用さた外壁の外装で表現されている。

34. Sendai Mediatheque　　　　　　　　　　　　建築

写真 2.33-1　反対車線より外観全体を望む

写真 2.33-2　メディアテーク内部

```
データ
所在：仙台市青葉区春日町 2-1
意匠：伊東豊雄建築設計事務所
構造：佐々木睦朗構造計画研究所
```

解説

　　ゆらぎ、blurring（かすむ）の建築などと評されてきているが、できる限り透明さ、軽快さを追求するがごとく施工されている。但し、施工中の形態は複雑系ともいえるほど部分が全体を想起させていないとも思われる。一方、部分は比較的リジッドであるが全体はスレンダーに見えるため「かすむ」建築とも言える。

※写真提供：前稔文氏

35. 北方町生涯学習センター　　　　　建築

データ
所在：岐阜県本巣郡北方町北方字長谷川
意匠：磯崎新アトリエ(磯崎新)
構造：佐々木睦朗構造計画研究所
2006年竣工予定

解説

　進化論的構造最適化手法と称される構造形態を数理学的手法で創出しようと試みられている。いわゆるガウディの逆さ吊り実験を計算機の中で連続体に適用している。その際局所的なルール：歪エネルギー最小かつ面内応力場が均一、のみが与えられ曲面形状が変化して結果として全体形状が決定されるというアルゴリズムが利用されている。

〈武藤〉

36. グラスオフィス・ヒロシマ　新川電機中国支社　建築

写真 2.36-1　外観（写真：新建築社）

写真 2.36-2　日射遮蔽装置（同左）

```
データ
所在：広島県広島市竹屋町 8-6
設計：横河健／横河健設計工房
施工：前田建設・広島菱重共同企業体
```

解説

　外皮をガラスで覆うという、光と熱の側面から見た環境共生には不利な建物の屋内環境を、ガラスの外側に設置された黒いロールスクリーンによって調整する。個々のスクリーンは日射量や気温等を入力条件とする比較的シンプルなアルゴリズムによって制御されていると思われるが、ガラスとスクリーンが織り成すファサードのパターンは様々に変化する。

37. 出雲ビックハート　　　　　　　　　　　　建築

写真 2.37-1　外観（写真：藤井晴行）

写真 2.37-2　ジャロジー（同左）

データ
所在：島根県出雲市今市町 994-2
設計：小嶋一浩／C+A

解説

　外皮をガラスで覆うという、光と熱の側面から見た環境共生には不利な建物の屋内環境を、機械仕掛けのジャロジーによって調整する。個々のフラップの角度は風速や気温等を入力条件とするアルゴリズムによって制御される。全フラップが画一的な動きをしないようなしかけがなされている(註：アルゴリズムはエーエーラボの手によるものらしい)。　残念ながら、取材時には冷房がなされジャロジーは閉状態で固定されていた。ジャロジーの動きの複雑さを体感するなら空調の中間期が望ましいだろう。

〈藤井〉

38. 誘導都市（The Induction Cities） 　都市

第1期
- 太陽神の都市-1
- 自己／他者決定の都市
- 比較街区の都市
- 歪曲空間の都市
- 相関波動の都市
- 瞬間実体化の都市

第2期
- 発生街区の都市
- 坂道の都市
- 太陽神の都市-2
- 風神の都市
- ON-DEMAND CITY

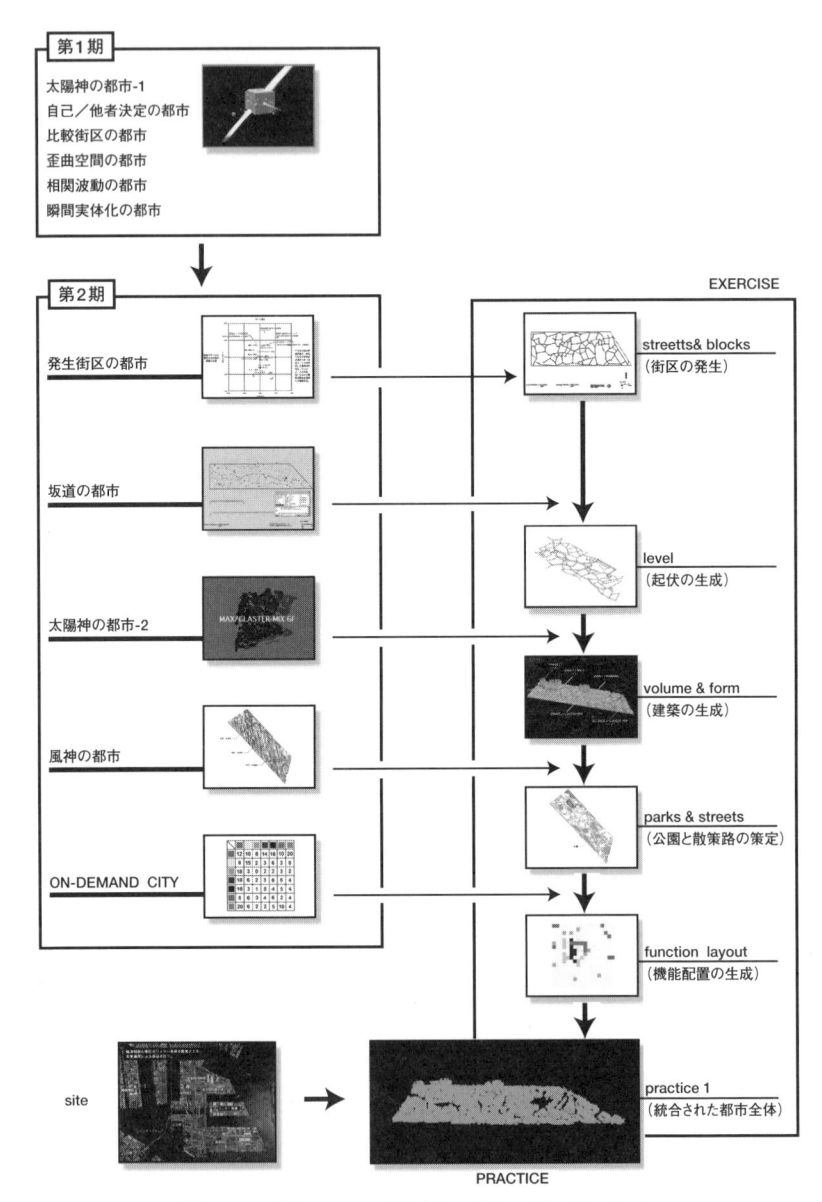

EXERCISE
- streetts& blocks（街区の発生）
- level（起伏の生成）
- volume & form（建築の生成）
- parks & streets（公園と散策路の策定）
- function layout（機能配置の生成）

PRACTICE
- site
- practice 1（統合された都市全体）

図 2.38-1　都市のスペックとそれを満たして発生した都市
アーキテクツ オフィス　渡辺　誠氏　提供　http://makoto-architect.com

写真 2.38-1　都市のスペックに基づきコンピュータで発生させた誘導都市
アーキテクツ オフィス　渡辺　誠氏　提供
http://makoto-architect.com

```
データ
設計：アーキテクツ オフィス／渡辺　誠
期間：1990 年〜
```

解説

　都市のスペックをコンピュータのアルゴリズムで表現することで発生させた「誘導都市」は、これまでデザインされたどの都市とも全く違っている[1][2]。中世の都市の面白さと直交グリッドと同等のアクセス性を持つ街区を生成する「発生街区の都市」、快適な起伏を生成する「坂道の都市」、街区相互の日照関係を検討してユニットを生成する「太陽神の都市-2」、気持ちの良い風が吹く広場と道を策定する「風神の都市」、都市施設の相互距離の評価スコアを高めるように施設を配置する「オンデマンドシティ」、これらのプログラムでは要素相互の関係という「部分のコード」だけを設定し、それ以外は要素群の「相互作用」に任せるとい方法が採られている[3][4][5]。比喩でなく、アルゴリズムが明示でき、デザインのプロセスが検証可能という意味で、複雑系科学を用いた都市デザインの嚆矢となった作品である。

〈朝山〉

参考文献

1) 「建築は、柔らかい科学に近づく」(建築資料研究社　2002 年)
2) 「INDUCTION DESIGN」(Birkhauser ／スイス、Testo & Immagine ／イタリア)
3) SD9704 拡張するデジタルデザイン、鹿島出版会、1997 年 4 月
4) 渡辺誠ほか：より良好な街区を生成する方法を、コンピュータープログラムで可能にする研究（「アクセス性」と「おもしろさ」に注目して）、日本建築学会学術講演梗概集 E-1 分冊、p.477、1996 年
5) 渡辺誠：機能配置における最適化をコンピュータプログラムで可能にする研究、日本建築学会学術講演梗概集、E-1 分冊、p.563、1997 年ほか

39. 古代ローマ　　　　　　　　　　　　　　　　都市

写真 2.39-1　古代ローマの復元模型（全体）

写真 2.39-2　古代ローマの復元模型（中心部）

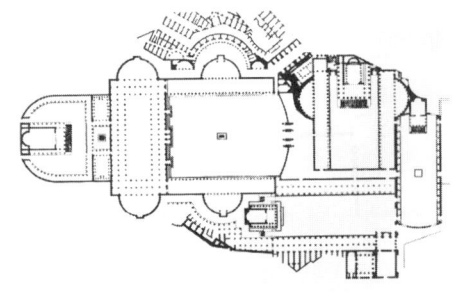

図 2.39-1　隣接建物の中心軸は互いに直行する

解説

　歴代ローマ皇帝が自分の治世時代を誇示するため、ローマの中心部にモニュメント建築を建造した。そのため、巨大施設が所狭しとひしめいて建つことになり、一見、無秩序で乱雑な都市形態となっている。しかし、隣接する建築間には一定の規律があって、建物の中心軸は互いに直行するように建てられた[1]。従って、乱雑な中にも全体としてのまとまりを形成している。

参考文献

写真 2.39-1・写真 2.39-2：ROMA, Editrice Campo Marzio, 1993
図 2.39-1：Edmond N. Bacon, Design of Cities, Thames and Hudson Ltd, 1967
1）Edmond N. Bacon, Design of Cities, Thames and Hudson Ltd, 1967

40. サッカー　　　　　　　　　　　　　　　　　　　都市

写真 2.40-1　2002 年、ワールドカップ、試合開始

写真 2.40-2　ドリブル

写真 2.40-3　ゴール前の攻防

解説

　サッカーは 11 人のプレーヤーが互いに協調して、1 つのボールを手を使わずに扱い、相手ゴールに押し込むというゲームである。プレーヤーは、走る、ボールをキープする、仲間にパスする、相手チームのボールを奪うなどの行動を、周囲の状況を瞬時に自律的に判断して実行する。各プレーは単純だが、全体として複雑な行動パターンをとる。その結果、試合の進行具合は予測できないし、同じ試合内容は 1 つとしてない。プレーヤーをエージェントとみなすことによりサッカーは、マルチエージェントシステムの研究対象にもなっている[1]。

参考文献

写真 2.40-1・写真 2.40-2・写真 2.40-3：2002 年ワールドカップ (写真提供：大谷信広氏)
1) 大内東、他、マルチエージェントシステムの基礎と応用、コロナ社、1998

41. 人の歩行と視線　　　　　　　　　　　都市

写真 2.41-1　農道の歩行軌跡（夏期） 　　　写真 2.41-2　農道の歩行軌跡（冬期）

写真 2.41-3　視線のゆらぎ

解説

　人は真っ直ぐに歩かないし歩きにくい。それは、体操で平均台上を歩くのが難しいことからも分かる。複雑系の1つの特性である非線形な行動を人間はしているといえる。ゆらぎながら歩行することで、動的に安定した移動ができる。そうでないと、きっとバランスを失ってよろめくか倒れる。歩いているときの視線もそうである。真っ直ぐ前方を常に直視しているわけでない。視線は、あれやこれやの物や方向に向けてゆらいでいる[1]。これも、自分を取り巻く環境情報を得るためという合理性だけでなく、視感覚的な動的安定を維持するためでもあろう。

参考文献
1) デズモンド・モリス、マンウォッチング（上）（下）、小学館、1991

42. 横断歩道　　　　　　　　　　　　　　　　　　都市

写真 2.42-1　横断歩道の渡り始め

写真 2.42-2　横断歩道の渡り途中

写真 2.42-3　横断歩道の渡り終わり

写真 2.42-4　前方からの人を互いに避ける

写真 2.42-5　特性の異なる人がすれ違う

解説

　向こう側へ渡るという大まかな方向性を維持しながら、直前の相手を避けながら移動する。そのため、相手をかわしたり、時には立ち止まったり、逆戻りしたりして、遭遇しそうな相手との相互作用が行われる[1]。それは健常な歩行者とは限らない、車いす利用者、視覚障害者など、さまざまな特性を持った者同士の移動的退避歩行の集団運動となる。個々人は微妙に変化する歩行形態をとりながら、集団としては互いに混乱もなく、横断しおわる。

参考文献
1) デズモンド・モリス、マンウォッチング（上）（下）、小学館、1991

43. 人の座る位置 都市

写真 2.43-1　京都鴨川の河川敷

写真 2.43-2　京都駅大階段(閑散時)

写真 2.43-3　京都駅大階段(混雑時)

解説

　互いに親密な関係にある人同士は身体が触れ合うくらいに座る。それに対し、他人の関係にある人とは距離をとって座る。その結果、親密な関係同士のグループが他のグループと距離を置いて場所をとる、という配置となる[1]。しかし、人の密度が上がり混み合ってくると、他人との距離がとれなくなり互いにひしめき合うことになる。このとき、隣の他人をあたかも物のようにみなすことで、不快を感じないような心理的防御が働く。

参考文献
1) エドワード・ホール、かくれた次元、みすず書房、1970

44. イスラム都市の街なみ　　　　　　　　都市

写真 2.44-1　モロッコのムーライ・イドリス

写真 2.44-2　フェズの小路　　写真 2.44-3　マラケシュの小路

解説

　イスラムの教えの中にプライバシーの保護があり、中でも視線によるプライバシーの侵害に関する事がらは、建築形態、都市形態に直接影響する[1]。道幅が7ジラー(3.50メートル)以下の両側に建つ建物について、視線の見通しによる覗き込みを防ぐため、その出入り口の位置は真正面に向かい合うことを避けねばならない。また、隣家の出入り口との間合いは、出入り口前での作業、例えばロバからの荷下ろしができるだけの幅をとって設ける必要がある。この様に部分的規制に基づいて複雑な全体が構成されている。　〈奥〉

参考文献
写真 2.44-1・写真 2.44-2・写真 2.44-3：(写真提供：森傑氏)
1) ベシーム・S・ハキーム、イスラーム都市、第三書館、1990

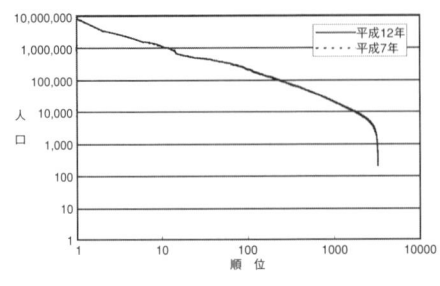

45. 都市の人口規模順位とジップの法則　　　都市

図 2.45-1　日本の市町村区人口と人口順位の関係（平成 12 年）

データ
総務省・国勢調査 HP
http://www.stat.go.jp/data/kokusei/index.htm

解説

　総務省のホームページにある国勢調査結果の中で、第 1 次基本集計結果（市町村別主要指標・人口、人口増減 − 市町村）を、表計算ソフトを用いて開き、人口の多い都市順に並べ変えて順位をつけ、順位と人口に関する両対数のグラフを描くと、図 2.45-1 のような（人口順位の低いところには当てはまらないが）対数線形の関係が得られる。このような比例関係をジップの法則と呼ぶ。言語学者の G.K. ジップが英文中の単語の出現頻度からこの法則性を発見したことに由来する。ホームページの人気ランキング、割れた陶器の破片サイズをはじめとして、自然界や人間社会の様々な現象でこの法則が成立する。これは自然界の「ゆらぎ」との関係にもあてはまり、一見無秩序に見えるゆらぎでも、その大きさが大きいものほど頻度が小さくなる。そうしたゆらぎは、頻度を英語で frequency と呼ぶことから、$1/f$ ゆらぎとも言われている。ジップの法則は、複雑系を特徴付ける一つの有力なマクロ指標の一つとされている。

　現在、日本では市町村合併が進み、合併前は 3200 余存在した市町村が、大幅に削減されつつある。仮に、ジップの法則が成立しなくなるような合併が行われた場合、それは安定した状態となりうるのだろうか。それとも、何らかの混乱をもたらすのだろうか。

46. セルラーオートマタによる都市スプロールのシミュレーション(sprawlsim) 都市

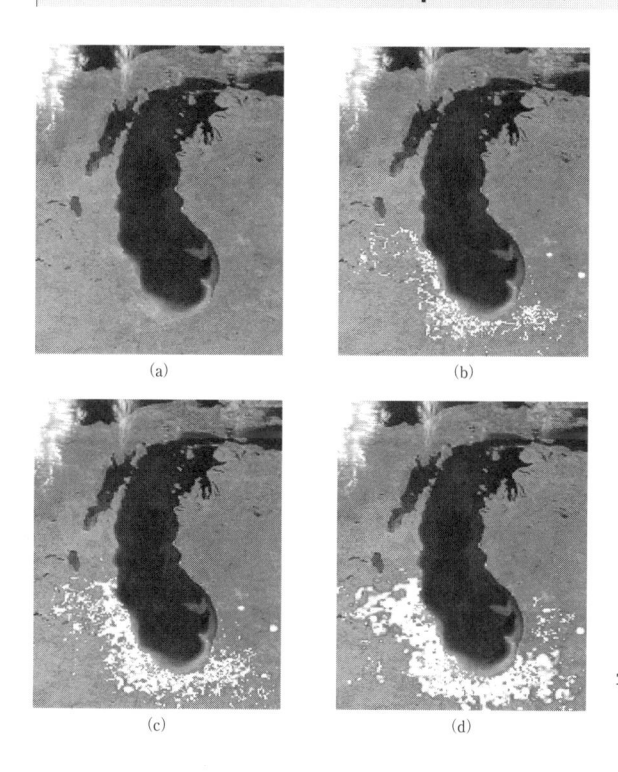

(a) (b) (c) (d)

写真 2.46-1 sprawlsim による
シカゴの拡大過程

データ
sprawlsim web サイト http://www.sprawlsim.org/

解説

　都市空間は歴史的に拡大の一途をたどってきた。スプロール化した都市は、ヒートアイランドや通勤時間の増大など深刻な都市問題をもたらしている。この都市のスプロール化を、2次元セルラーオートマタによりモデル化する研究が行われている。住宅地や商業地域などの土地利用状態をセルの状態として、周辺環境との相互関係により、土地利用の変化が再現できる。図2.46-1 は、CASA で行われている、シカゴの拡大過程のシミュレーションの例である。

47. Web上のグループウェアによる施工スケジューリングの自己組織化（鹿児島建築市場）　　都市

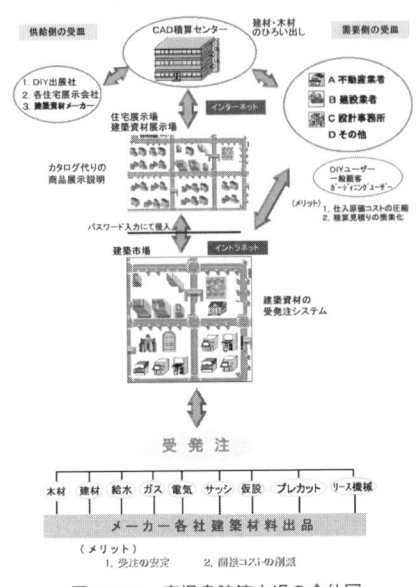

図 2.47-1　鹿児島建築市場の全体図

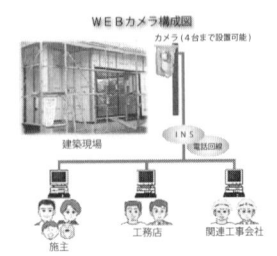

図 2.47-2　Webカメラによる現場確認

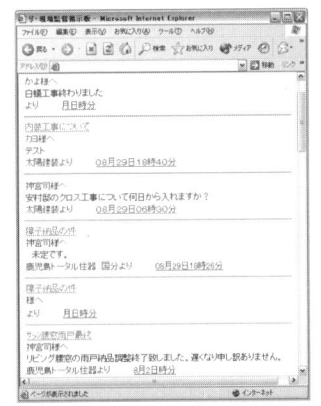

図 2.47-3　ザ・現場監督の工事掲示板

データ
鹿児島建築市場　http://www.ben.co.jp/ichiba/

解説

　鹿児島建築市場は、在来木造住宅の生産を行う中小工務店を中心としたサプライチェーンネットワークである。CAD積算センターを中心としてインターネットを通じて、受発注、見積もり、設計、資材配送、施工管理などを一貫して行う。

　施工管理では、現場にWebカメラを数台設置し、常に最新の現場の状況がわかるようになっている他、工事報告や作業指示を行うWeb掲示板が用意されている。関係者全体でのスケジュール打ち合わせを最低限に済ませているにもかかわらず、最新の情報をどこにいても閲覧でき、作業者個人個人の判断により、無駄のないスケジュール調整が自己組織的に実現されている。

48. まちの個性の自己組織化
（神戸市中央区下山手通） 都市

写真 2.48-1　通りの賑わい　その1

写真 2.48-2　通りの賑わい　その2

解説

　都市の構成は一様ではなく、部分部分でまとまりが見られる。エスニシティ地区と呼ばれる人種の異なる地区や、商店街、電気街などの専門店街は、こうしたまとまりがはっきりと見える例である。これらの地区の多くは、初めは少しの特徴的な店舗から始まり、いつの間にか、計画されたわけでもないのに、同種の施設が時間をかけて集積して形成される。これは一つの自己組織化現象といえ、都市形成の基本的なプロセスであるといえよう。

　写真 2.48-1、写真 2.48-2 は、神戸市三宮北部の若者向けの店が多く集まる地区の様子である。震災以降、空き家となった事業所建物が改装され、多くの個性的な店が集積するようになり、現在も拡大が続いている。この例のように、衰退した都市中心部（インナーエリア）が新しい用途で更新されることは、ジェントリフィケーションと呼ばれている。

〈瀧澤〉

49. 長崎アーバンルネサンス 2001「長崎マスターイメージ」　　都市

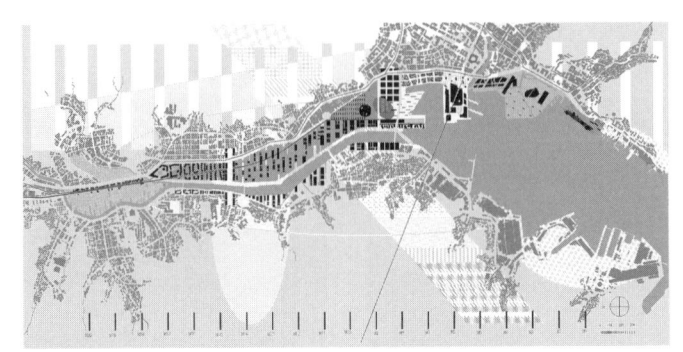

写真 2.49-1　マスター・イメージ

写真 2.49-2　マスター・イメージ模型

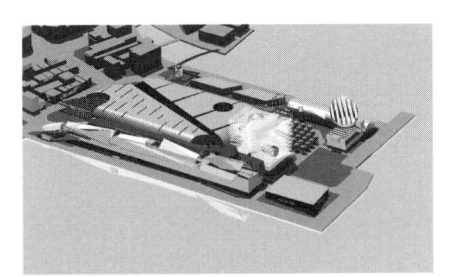

写真 2.49-3　元船地区マスター・イメージ

写真 2.49-4　長崎港元船 C 棟上屋外観

写真 2.49-5　長崎港ターミナル外観

写真 2.49-6　長崎港元船 B 棟上屋外観

```
データ
設計：堀池秀人都市・建築研究所
設計期間：1990 - 1992
知事顧問「都市プロデューサー」期間：1990 - 1998
```

解説

　John H. Holland（ジョン・ホランド）による遺伝的アルゴリズム（Genetic Algorithm）、いわゆる複雑適応系の概念と方法を適用した先駆的な都市設計としてまとめられ、現在までに、長崎港ターミナルビル（高松伸設計）、長崎港元船B棟上屋（北川原温設計）、長崎港元船C棟上屋（Michael Rotondi（マイケル・ロトンディ）設計）等の施設が点刺激として投下（建設）された。都市プロデュースの根幹において硬直化しがちな「マスタープラン」に代えて「マスターイメージ」が作成された。その作成に際しては、遺伝子の書き込み（エンコード）と解読（デコード）による生物個体の形成プロセスといった複雑適応系のメカニズムが参照され、遺伝子型（ゲノタイプ）による都市のコントロールが試みられた。また、インフラ先行の都市計画を否定し、都市を人体に見立て、身体経路（ツボ）モデルや身体神経系統モデルに基づく点刺激（建築）の投下など、人間に身近な空間や文化を優先させる方法が提案された。

50. 白石メディアポリス　　　　　　　　　　都市

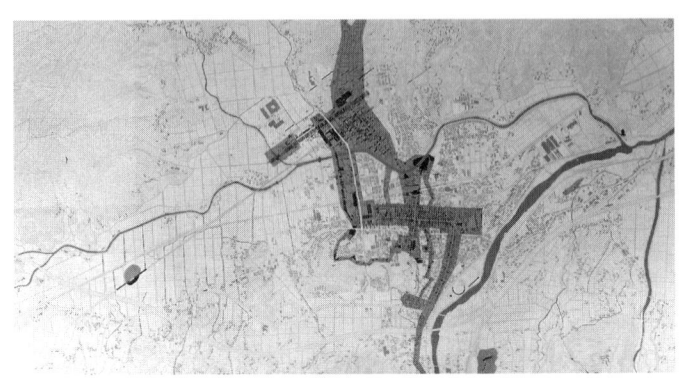

写真 2.50-1　マスター・イメージ

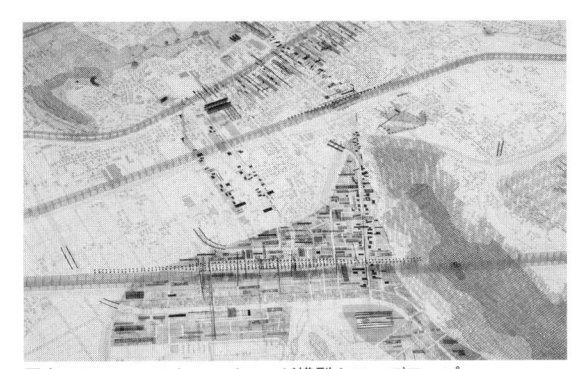

写真 2.50-2　マスター・イメージ模型クローズアップ

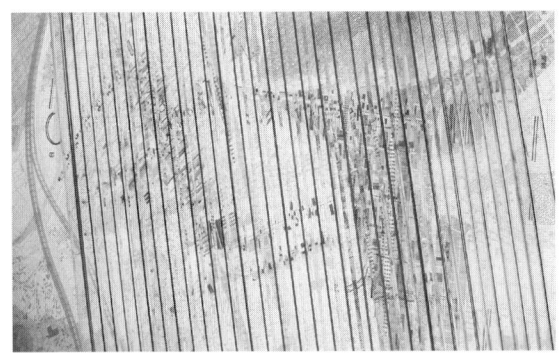

写真 2.50-3　マスター・イメージ模型

```
データ
設計：堀池秀人都市・建築研究所
設計期間：1993－1994
市「都市プロデューサー」期間：1994－現在
```

解説

　外科手術や臓器移植などの近代医学的手法に類似すると言われるスクラップ・アンド・ビルトの開発手法やインフラ優先の開発手法に換えて、自然治療、いわゆる癒しの考え方を根底に据えた都市づくりの方法が考案された。計画にあたっては、情報流（インフォメーション・レイ）、アトラクター、インキュベーション・スフィアを概念モデルとし、サンタフェ研究所が掲げる複雑適応系のモデル化手法を適用しながら、マスターイメージを作成している。その作業は、既存都市のエンコード化→相転移→デコード化→マスターイメージといったプロセスで進められている。

　点刺激として投下された建築においても、部分的ではあるが複雑系の方法がその形態形成プロセス過程で用いられた。

　総じて、一見無秩序に見える現実の都市空間に、ささやかに人為的な手を加えることで、自己組織化を発生させ、自発的な秩序形成を企てるといった方法には、スキーマを体内化した複雑適応系と環境との応答関係への継続的なまなざしが求められてもいる。

〈堀池〉

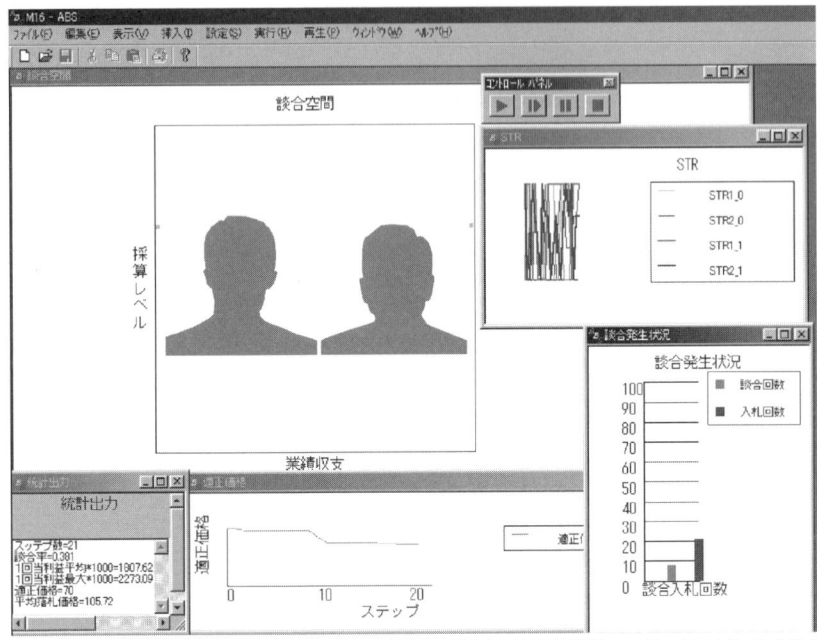

51. 構造計画研究所／創造工学部　　　　　　　　社会

図 2.51-1　MAS によるシミュレーション例 #1（談合モデル）；2 人の業者エージェントが入札を行う付け値ゲームで互いに高値同額の入札をする協調戦略が創発するプロセスを模擬する。

データ
URL　http://www2.kke.co.jp/fukuzatsu/tool.html

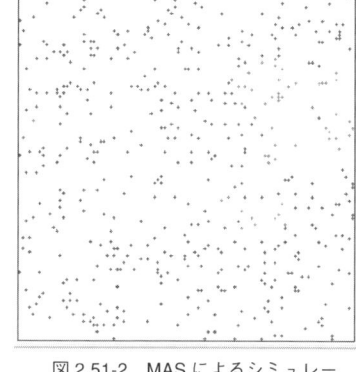

図 2.51-2 MAS によるシミュレーション例 #2（情報拡散モデル）；価値付きの情報が口コミおよび知人ネットワーク上を携帯電話などによって遠隔伝播するプロセスを模擬する。

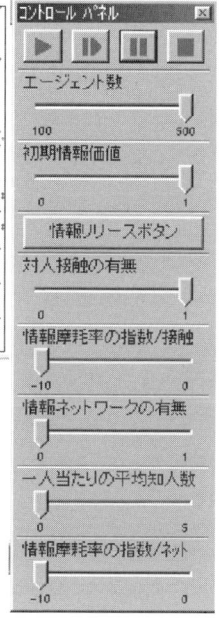

写真 2.51-1 SWARM、StarLogo のロゴマーク

データ		
URL	SWARM	http://www.swarm.org/index.html
	StarLogo	http://education.mit.edu/starlogo/

解説

　マルチエージェントシミュレーションが日本語環境で行えるシミュレータ MAS を開発している。Web ページでは、複雑系の概念や MAS をはじめとするシミュレータの解説があり、MAS 試用版のダウンロードが可能である。また、MAS のサンプルプログラムの公開、MAS ユーザーによる研究報告や研究用プログラムの公開などが行われており、充実した内容を誇っている。MAS の動作は、(1)様々なダイアログ上の設定、(2)エージェントや人工社会全体のグローバル環境を記述する一連のプロシージャー群により規定される。実行はシミュレータ上でインタープリター的に動作する。このプロシー

ジャーは Visual Basic や JAVA に似た文法構造をもつ。初学者にも理解習熟が容易なものでありながら、プロシージャー内部から外部の実行ファイルをシェルコールする機能などがサポートされており、かなり複雑なシミュレーションを行うことも可能である。

　MAS 以外の複雑系マルチエージェントシミュレーション用の言語、シミュレータについて触れておく。

　米国サンタフェ研究所の C. Langton ら中心になって開発した SWARM は、Unix をベースにしたシミュレータで、Objective C のクラスライブラリーとして提供されている。研究者の高度な要求にも応える本格指向のプロシージャー集である。

　一方、MIT メディアラボの Resnick らのグループが開発した StarLogo は、MAS と同様、統合環境を含むコンプリートシミュレーターである。記述はオブジェクト指向言語 Logo に準拠している。MAS が StarLogo を意識して開発された経緯があるため、MAS によく似た構成、特徴を有する。ユーザーグループが web 上でサポートされている点も類似している。総じて、後発の MAS の方がより複雑なシミュレーションが可能な構造となっている。

　これらの複雑系マルチエージェントシミュレータの適用範囲は非常に広く、現象の俯瞰的モデル化が困難な社会システムの解析にも威力を発揮する。建築分野では、例えば、これまで GPSS など離散型シミュレータが適用されてきた避難シミュレーションを含む人の軌跡、流動を取り扱うシミュレーションなどが適用対象としてあげられる。

52. 名古屋大学人間情報学研究科／有田研究室　　社会

写真 2.52-1　有田研究室 Web サイトのトップページ

データ
URL　http://www2.create.human.nagoya-u.ac.jp/

解説

　複雑系科学に基づく人工生命研究に関する情報サイトとしては非常に内容が充実している。社会システム研究の参考になるドキュメント類が豊富。特に、リンク集「人工生命の宝庫」は、国際会議にはじまり、GP、GA、セルオートマトン関連ソフトウェアなど内容は多岐にわたる。

53. 国際電気通信基礎技術研究所（ATR 研究所）　　社会

データ
URL　ATR 研究所　http://www.atr.co.jp/index_e.html

解説

　情報通信に関する総合研究所のサイト。ATR 知能映像通信研究所のサイトにある「Life Species II」では GA を用いて人工生命を生成する美しいコンピュータグラフィクスが紹介されている。　　　　　　　　　　　　　〈谷本〉

54. マクロとミクロのリンク　　　　　　　　社会

写真 2.54-1　構成要素

写真 2.54-2　全体

データ
所在：アメリカ合衆国マサチューセッツ州ボストン、プリューデルセンターのモール

解説

　いくつかのタイプの金属製オブジェクト（写真 2.54-1）が集まると丘や建物があるボストンの町のように見える（写真 2.54-2）。再びオブジェクトに注目すると、それが住居の内部を表しているように見えてくる。巨視的な像の知覚が構成要素の集まりから創発され、微視的な像の知覚は巨視的なイメージに影響されることが体感されよう。

55. 音の出るオブジェ　　　　　　　　　　　　社会

写真 2.55-1　静止の状態

写真 2.55-2　動きの状態

> データ
> 所在：アメリカ合衆国マサチューセッツ州ボストン、地下鉄 Kendall 駅

解説

　長さが異なる金属管を叩く短い柄のハンマー 4 本と長い柄のハンマー 3 本が一本のバーに取付けられている(写真 2.55-1)。あるハンマーが揺れるとバーが揺れて他のハンマーも揺れる。複数のハンマーの揺れによってバーの揺れ方が変化し、一定ではないような周期で金属管が叩かれる(写真 2.55-2)。地下鉄を待つ人は時によって変化するカリヨンの旋律を聴く。

56. 種の棲み分けのシミュレーション　　　社会

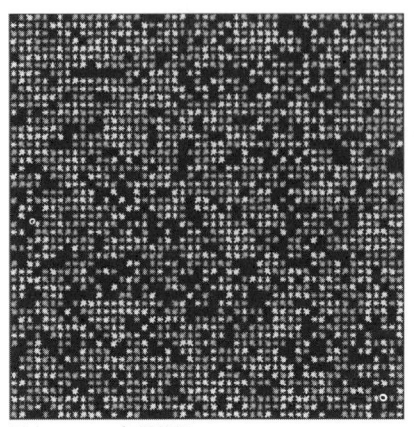

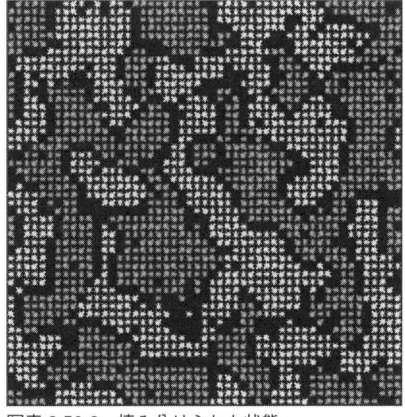

写真 2.56-1　初期状態

写真 2.56-2　棲み分けられた状態

データ
所在： MIT, 2004, StarLogo
(http://education.mit.edu/starlogo)

解説

　単純な原理が一見複雑なパターンをつくる。赤と緑、二種類の蛙がいる。どちらの蛙も自分と異なる色の蛙と隣り合うことを嫌い、隣に異なる色の蛙が許容範囲より多くいると他所に飛んでいく。ランダムに配置された蛙（写真 2.56-1）はこの原理に基づいて棲み分けが達成（写真 2.56-2）されるまで移動し続ける。蛙の好き嫌いが激しいと棲み分けが完了しないこともある。

参考文献

Klopfer, E. and A. Begel. 2003. StarLogo in the Classroom and Under the Hood. Kybernetes. 32：15-37
Resnick, M (1994). Turtles, Termites, and Traffic Jams：Explorations in Massively Parallel Microworlds. Cambridge, MA：MIT Press.

57. 渋滞   社会

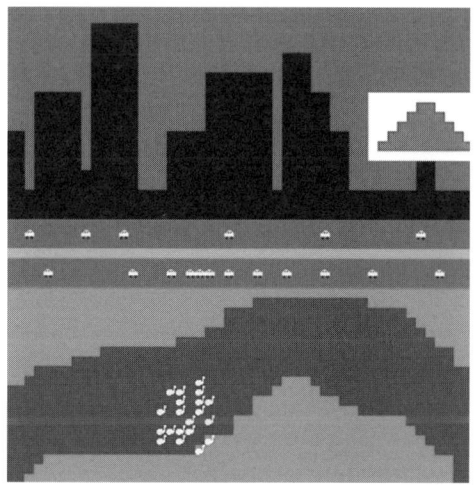

写真 2.57-1　渋滞のスナップショット

```
データ
所在： MIT, 2004, StarLogo
(http://education.mit.edu/starlogo)
```

解説

　渋滞の発生と解消を再現するマルチエージェントシミュレーションの画面である。前方を走る車に接近し過ぎた車は減速する。減速した車に接近し過ぎた後ろの車も減速する。前の車との車間距離が十分に確保された車は加速する。個々の車がこのようにふるまうことが渋滞を発生させ、解消させる。渋滞は後の車へと伝播して行く。

〈藤井〉

第3章　複雑系の基礎理論

3.1 キャスティ定義〜社会現象と複雑系

　人間や生物の社会は行動主体である個々の人間や生物が互いに作用しあうことによって形成されている。行動主体は自己の状態や社会を含む環境の状態に何らかの影響を受けて行動をなす。行動主体の状態や行動は他の行動主体の状態や行動に影響を与える。これが行動主体間の相互作用である。また、行動主体の状態や行動は環境を変化させ、環境が行動主体達の行動や状態に影響を与える。これが行動主体と社会との間の相互作用である。

　建築や都市の研究には、社会現象を全く無視することは不可能に近い研究分野がある。建築や都市と人間との関わりを対象とする建築計画学、都市計画学、建築環境学、歴史学、美学、民俗学、文化人類学などがそうである。建築や都市は人間が創造した物であり、また、建築や都市に関わる文化は社会現象そのものであることを考慮すれば、そのことは明白であろう。これらの研究をいわゆる「科学」として遂行しようとすると、建築や都市が社会現象と不可分であるということが大きな壁となる。「科学」は新たな知見となる主張の妥当性を合理的な方法によって説明する営為である。説明対象である現象や説明方法の再現性、説明の論理的な無矛盾性や観察との整合性が要求される。そのため、他との相互作用が弱い部分や再現し易い現象が全体から切り離されて分析されたり、マクロに見た全体が統計的に扱われたりする。このような扱いが困難であり、上の要求を満たさない言説は、「科学」的ではないとみなされる。ノルベルグ＝シュルツ(1986)は建築の経験に関する複合的全体が「科学」的な分析の網の目によって分割されると表現し、建築を対象とする「科学」的研究の限界を論じた[1]。

　複雑系科学は複合的な全体を捉えようとしている。キャスティ(1996)によれば複雑系は下に示す特徴をもつ[2]。このような特徴から複雑系は個々のエージェントの振る舞いが予想できるにしても、全体としては予想外の振る舞いを呈する。

　1. 知性と適応能力を持つエージェントからなる。エージェントは系を構成する行動主体または要素を示す術語である。知性と適応能力をもつとは、

一定のルールに従って決断し、そこで得られる新しい情報に基づいて、環境や他のエージェントについて学び、自発的に行動ルールを修正できることを意味する。
2．エージェントの数は中規模である。ちなみに、単純系は相互作用の弱い少数の要素か非常に多くの要素によって構成される。
3．エージェントはグローバル(大域的)な情報ではなくローカル(局所的)な情報に基づいて決断を下し、自ら行動ルールを更新することになる。また、系の全エージェントを制御できる特別なメンバーはいない。しかし、エージェントは恒常的に目先の(局所的)情報のみに基づくような行動をするのではなく、環境や他エージェントに関する学習を通じて、(局所的情報のみに基づくにも関わらず)大域的な情報に基づくかのごとく行動しうる。

複雑系の振る舞いが予想外の振る舞いを示すというのは理論的な予測が全くできないという意味では必ずしもない。エージェント達のミクロな相互作用やエージェントと全体とのミクロ-マクロ間相互作用から系全体の振る舞いを正しく直感的に予想することが困難であるという意味である。それ故、「科学」は全体から切り離された部分を主に扱ってきたのかもしれない。一方、計算機の発達や計算機科学の発展は複雑系のエージェントの振る舞いや相互作用を計算機プログラムとして記述することを可能にしつつある。それによって計算機上には現実世界の複雑系を模倣した仮想世界が表現される。計算機上の仮想世界は複雑系に関する再現可能な実験を行なうための道具-実験室-となる。計算機上に表現することによって複雑系に関する研究を「科学」的に行なうこと、すなわち複雑系科学の実践が可能になる。既に、群集流動、交通渋滞、地球環境問題、金融市場の振る舞い、戦争、生物群の振る舞いなどが複雑系科学によってアプローチされている。

複雑系科学は「科学」と同様の弱点をもつ。複雑系科学には現実世界の何かを計算機の言語を用いてモデル化するプロセスがある。モデルと現実世界との整合性は抽象化(モデル化)の仕方や当該言語の表現力に依存する。これは数理や論理に基づく合理性を前提とする「科学」に共通する。また、計算機の示す結果を現実世界に結び付けて解釈するプロセスにおいて、計算結果が多義的である場合、多様な解釈の中から恣意的な解釈が採用される可能性がある。それでも、

現実の実験室に入れることができない系、特に社会現象の背後にある系を全体として計算機上の実験室に表現できるという点は複雑系科学の強みであると言えよう。

〈藤井〉

参考文献
1) Norberg-Schulz, C. 1986: Il monde dell'architettura, 前川道郎・前田忠直訳「建築の世界-意味と場所」, 鹿島出版会, 1991
2) Casti,J. 1996: Would-Be Worlds, 中村和幸訳「複雑系による科学革命」, 講談社, 1997

3.2 マルチエージェントシステム

マルチエージェントシステムとは自律した個々の主体が相互に依存しあうシステム[1]である。複雑系のメカニズムを解明するためのモデルのひとつとして注目されている。本節ではそれに基づいてマルチエージェントシステムの概要について触れる。

マルチエージェントシステムはエージェント（agent）と環境（environment）とからなる。エージェントは複雑系を構成する要素である自律した行動主体のモデルである。環境は行動主体が知覚したり行動をなしたりすることによって影響を与える対象（例えば、社会環境や自然環境）のモデルである。エージェントは環境を知覚し、知覚した状況に基づいて意志決定を行い、行動をなす。あるエージェントは他のエージェントにとって環境の一部であり、知覚や行動の対象となる。環境はエージェントの行動によってだけではなく、それ自体がもつメカニズムによって変化する。

マルチエージェントシステムの振る舞いはエージェントと環境との相互作用によって定まる。エージェントの行動によって環境が変化し、環境の変化によってエージェントが知覚することが変化する。新たに知覚した環境の状態はさらなる行動を引き起こす。エージェント間の相互作用には二つのパターンがある。ひとつは情報交換のようにエージェントとエージェントとの間の直接的な行動による相互作用である。システム全体から観るとひとつひとつは局所的な相互作用である。もうひとつは環境を介する相互作用である。エージェントの行動によって現われる大域的な環境の状態や変化が個々のエージェントの行動に影響を与えるという相互作用である。これらの相互作用が系全体の予想外の（思いがけない）振る舞いとして現われるとき、しばしば、創発（emergence）が起きたといわれる。

エージェントの行動は二種類に大別される。環境の状態や変化に対して反射的になす行動と目的を果たすようになす有目的的な行動である。反射的な行動は「IF ＜環境の状態や変化＞ THEN ＜行動＞」という形式の行動ルールによって記述可能である。有目的的な行動には計画（ある状況から目的を果たせる状

況に至る一連の行動の熟慮)を伴うが、有目的的な振る舞いをなす行動ルールを予め与えたり、環境や目的に適合する行動ルールを獲得する学習メカニズムを与えたりすることによって有目的的な行動が表現される。エージェントは有目的的な行動をなすことによって知的であるといわれ、環境や目的に合う行動を学習することによって適応的であるといわれる。

　エージェントに有目的的な振る舞いを明示的に与える代表的な方法は利得行列の定義である。当該エージェントの行動と環境(他エージェントを含む)の振る舞いとの組み合わせなどの全状況に対して利得とよばれる値を定めた行列を参照し、エージェントに自分の利益が最大になるか相手の利益が最小になるように行動を選択させる方法である。ゲーム理論に基づく演繹的なアプローチとマルチエージェントシステムのシミュレーションによる帰納的なアプローチが融合される。ナッシュ均衡とパレート最適との一致やずれの生じるメカニズムに注目する。

　エージェントの適応性は環境の知覚の仕方や行動ルールを学習するメカニズムを導入することによって実現される。強化学習(山登り法、Q-Learning、クラシファイアシステムなど)、コネクショニストモデル(パーセプトロン、バックプロパゲーションモデルなど)、遺伝的戦略(遺伝的アルゴリズム、遺伝的プログラミング)など、機械学習の代表的なアルゴリズムが用いられる。知覚のパターンや行動ルールが選択される割合や確率が、これらのアルゴリズムによって、状況に応じて調整される。

　ひとりひとりの人間を個々のエージェントとして直感的にモデル化することが容易なので、マルチエージェントシステムは社会システムや群集の振る舞いの研究にしばしば用いられる。人工社会[2]の研究はその代表例である。

〈藤井〉

参考文献

1) 大内東, 山本雅人, 川村秀憲, 2002:「マルチエージェントシステムの基礎と応用-複雑系工学の計算パラダイム-」, コロナ社
2) Epstein, J.M. & Axtell, R. 1996: Growing Artificial Societies, 服部正太, 木村香代子訳,「人工社会-複雑系とマルチエージェント・シミュレーション」, 共立出版, 1999

3.3 セル・オートマトン

3.3.1 はじめに

セル・オートマトンの英語名称は Cellular Automata(CA と略称される)であり複数形で表現される[1,2]。

この用語は J. Neumann(フォン・ノイマン)の関連論文を編集した A. W. Burks(アーサー・バークス)の命名である。A. W. Burks はまたセル・オートマトン理論の本を書いている。

天才数学者であった J. Neumann は 1940 年頃、米国政府において弾道計算実行プロジェクトの統括責任者をしていたとき、コンピュータを構成している真空管の故障に悩まされていた。真空管を人間の脳の細胞(セル)に見立てた場合、人間の脳ではある細胞が死滅しても別の細胞がそれに代わって同じ働きをする(自己複製する)ことに彼は着目して、いくつかのセル(真空管)の状態により、自己複製をするオートマトンの理論に興味を持った。しかし、彼はセル・オートマトンの最初のアイデアを出したが、それ以上研究する関心はなかった。

セル・オートマトンが注目されるようになったのは、コンピュータの性能が飛躍的に向上した 1970 年頃からである。スーパーコンピュータの登場により、ライフゲームと呼ばれるセル・オートマトンがよく行われた。まだパソコンの性能は不十分だったので、スーパーコンピュータに進入して計算させるハッカー達の格好のゲームであった。

3.3.2 ライフゲーム・ブーム

J. H. Conway(ジョン・ホートン・コンウェー)は 1970 年にライフゲームを考案した。このゲームは、自分とムーア近傍(自分に隣接する 8 個のセル)の状態で次の自分の状態(生死と再生)が決まるという次のようなルールに従っている。

(1) 隣接セルのうち、2 個か 3 個のセルが生きている場合、自分が生きている場合は生き続ける。死んでいる場合も死んだままである。

(2) 隣接セルのうち、4 個以上または 1 個以下のセルが生きている場合、自分

は死ぬ。死んでいる場合は死んだままとする。
(3) 隣接セルのうち、丁度3個のセルが生きている場合、自分が死んでいる場合は生き返る。

以上のように、単純なルールであるが、その変化過程は複雑で見た目に面白いため多くのコンピュータマニアを魅了した。

下に、このゲームの初期状態(生きたセルはランダムに配置されている)、実行途中の状態、そして最終状態の図を示した。一般に最終状態は静止配置になることはなく、繰り返し状態になる。

ライフゲームは2次元平面の分布を取り扱うため、そのルールと初期状態の種類が膨大となり、セル・オートマトンとしての特性などを科学的に明確化できなかった。

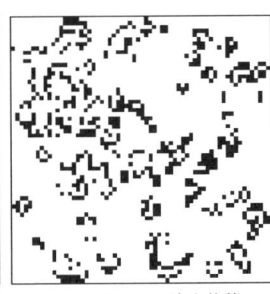

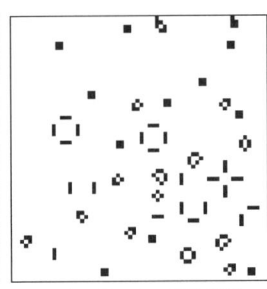

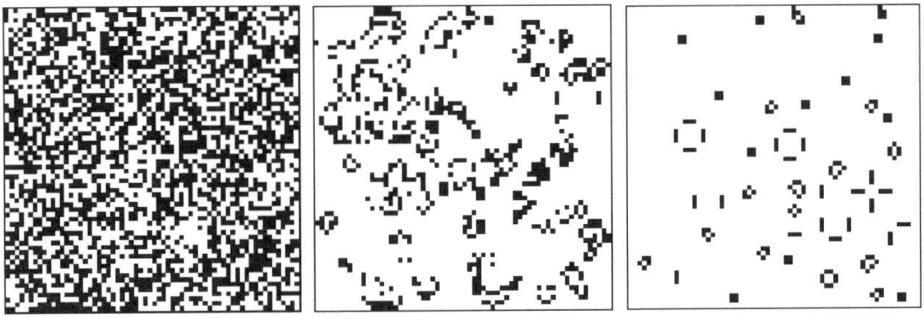

ライフゲーム：初期ランダム配置　　ライフゲーム：途中状態　　ライフゲーム：最終状態
図 3.3.2-1　ライフゲーム

3.3.3 セル・オートマトンの方法

ここで、ライフゲームを一般化して、セル・オートマトンの方法を示すと次の通りである。
(1) 正方形グリッドを作成し、1つの正方形を1セルとする。
(2) 各セルはk種類の状態をとることができる(最少は2種類で、白と黒で表現する場合が多い)
(3) 次の時点のセルの状態は、現在の自分の状態と近傍セルの状態だけの局所的な規則で決まる。

以上のように単純な方法であるが、形成されるセルのパターンは、セルの初期状態と変化規則により、さまざまになる。

3.3.4 1次元セル・オートマトン

ライフゲームのように2次元では、初期設定と結果が多様すぎ、その性質を把握できないことは前述した。そこで、S. Wolfram（スティーブン・ウォルフラム）は1983年に1次元モデルのライフゲームを考えた[3]。

それは、自分と左右隣りのセルの状態で次の自分の状態（生死）が決まる、というゲームに簡略化したのである。例えば、自分と左右両隣の1セル（合計3セル）を考える。そして、各セルの状態を白か黒の2種類とすると、3つのセルの状態は2の3乗通で8通りとなる。次の自分の状態は白か黒の2通りだから、8通りに対する2通りの組み合わせ規則は、2の8乗通りとなり256通りである。この数だとすべての場合について変化の過程を調べることができる。

そして、初期のセルの状態を0世代とし、最初のステップを第1世代、次のステップを第2世代、・、・、・、第n世代とする。次に、各世代のセルの白黒状態を世代順に上から並べると、世代の変化が2次元に表現できる。

S. Wolframは次のような1次元セル・オートマトンについて検討した。

(1) 近傍セルは自分を挟んで2つ隣りまでとした。従って合計セルは5個である。
(2) セルの状態は0と1の2種類とする。
(3) 次のステップのセルの状態は、現在の5個のセル状態の和（0〜5の6種類）から決まるとした。

以上のように設定すると、規則の総数は2の6乗通りとなり、64通りである。

S. Wolframは64通りのすべてについて、セル・オートマトンが形成するパターンを調べ、次の4クラスに分類できることを示した。

4種類のパターン

(1) クラス1：最初は不規則な変化、その後ただちにすべて白か黒になる
(2) クラス2：最初は不規則な変化、その後ただちに単純な一定のパターンが続く
(3) クラス3：常に不規則な変化をする。すなわちカオス状態が続く。
(4) クラス4：最初は不規則な変化、その後ただちに不規則でも単純でもないパターンが続く。

以上のパターンのうち、N. Packard(ノーマン・パッカード)はクラス4をカオスの縁 (Edge of Chaos) と名付けた(1988)。
これらのクラスのパターンの一例を下に示す。

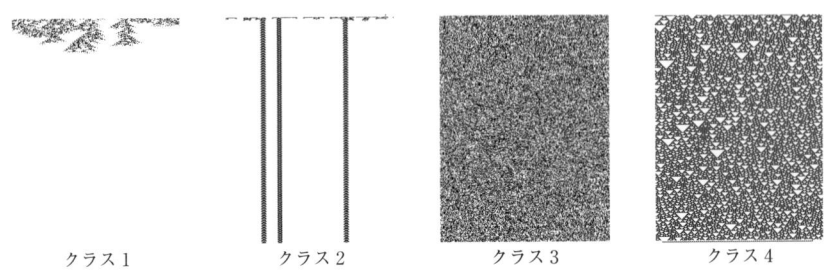

クラス1　　　クラス2　　　クラス3　　　クラス4
図3.3.4-1　セル・オートマトンの4つのクラスパターン

3.3.5 λパラメータ

C. Langton(クリストファー・ラングトン)は、ある規則に対してセルが生き残る確率(0.0～1.0の実数空間への写像)を次のように定義して、λパラメータと名付けた。

$$\lambda = \frac{K^N - n_p}{K^N} \quad (1)$$

K：セルの状態の種類数
N：自分を含めた近傍セルの数
n_p：K種類の状態から1つの状態を選択したとき、その状態に遷移する規則の数

例えば、K^N個の規則のすべてがたった1種類の状態に遷移する場合$n_p = K^N$なのでその状態のλは λ = 0.0 である。また、K^N個の規則のうちL個の規則が同一種類の状態に遷移する場合は $n_p = L$ (0<L<K^N なのでその状態のλは λ = 1.0 - L／K^N である。また、K^N個の規則のいずれも、ある状態に遷移しない場合 $n_p = 0$ なのでその状態のλは λ = 1.0 である。従って、ある状態のλパラメータは、0.0～1.0の値をとる。カオスの縁はλ = 0.278で現れ、そのとき最も複雑さが高い(コンピュータの計算量が最も多い)。

一方、セル・オートマトンのとる複雑度を相互情報量で表すとする。相互情報量とは[4)5)]、事象系 Y を知ることにより事象系 X について得る情報量のことであり、次の式で表される。

$$I(X;Y) = H(X) - H(X|Y) \quad (2)$$

$I(X;Y)$：相互情報量
$H(X)$：事象系 X の情報量
$H(X|Y)$：事象系 Y を知り得たときの事象系 X の情報量

例えば、事象系 Y が事象系 X の生起状態に何ら影響しないのであれば相互情報量は 0.0 となる。ここでの1次元セル・オートマトンに当てはめれば、すべてのセルが白もしくは黒の状態になる場合と、1つ前の世代に対し次の世代のセルの状態が全く無関係な場合は相互情報量は 0.0 となる。

そこで、λパラメータの値を横軸、相互情報量を縦軸にとり、両者の関係をグラフにして見ると、下図のように相互情報量の最も高い値のところがクラス4となる。

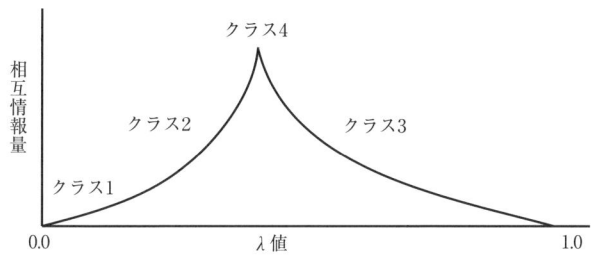

図 3.3.5-1　λパラメータと4つのクラスの関係モデル

3.3.6　動くセル・オートマトン（アニメーション）：ボイズ（Boids）

Craig W. Reynolds（クレイグ・レイノルズ）は、1986年に鳥や魚の集団的動きのコンピュータモデルを作成し、そのプログラムならびに動く個体をボイズ（Boids）と名付けた[6)7)]。

ボイズの動きのルールは次の3つである
(1) 分離：個体は自分の近傍内にいる集団の混み合いを避ける方向に飛ぶ

(2) 整列：個体は自分の近傍内にいる先頭集団の平均方向に飛ぶ
(3) 団結：個体は自分の近傍内にいる集団の平均位置方向に飛ぶ

　また、ここでの個体の近傍とは、個体の進行方向を中心に左右斜め後方までの扇型の範囲である。従って、真後ろを中心とした一定の扇形の範囲は近傍から除外される。下に、ボイズのルールの説明図と実行例を示す。　　　〈奥〉

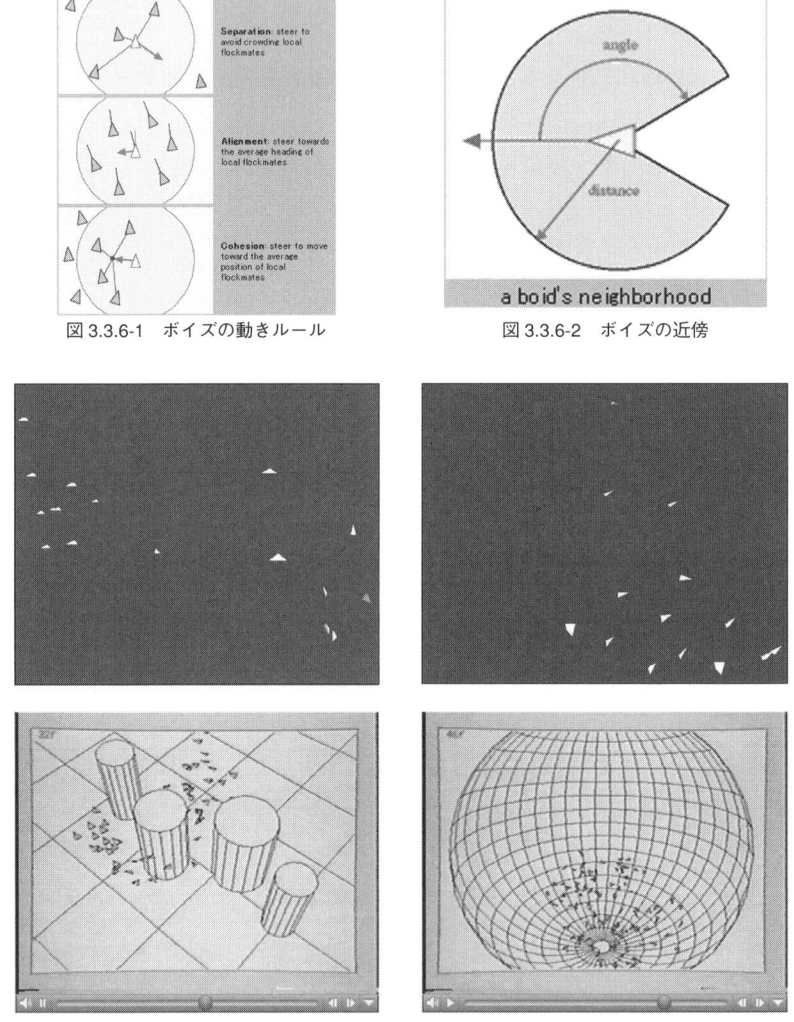

図3.3.6-1　ボイズの動きルール　　　　　　図3.3.6-2　ボイズの近傍

図3.3.6-3　ボイズの例

参考文献

1) 井庭崇・福原義久、複雑系入門、NTT 出版、1998
2) 加藤恭義・光成友孝、築山洋、セルオートマトン法、森北出版、1998
3) 市川惇信、複雑系の科学、オーム社、2002
4) アブラムソン、情報理論入門、好学社、1969
5) 月本洋、松本一教、やさしい確率・情報・データマイニング、森北出版、2004
6) Stephen Wilson, Information Arts, The MIT Press, 2002
7) http://www.red3d.com/cwr/boids/, 2005

3.4 遺伝的アルゴリズム

3.4.1 生物進化と問題解決

　生物は、不確実性が高い自然環境の中で自らの生命を全うすべく、複雑な構造や高度な振る舞いを備えている。現在の進化論の主流であるネオダーウィニズムによれば、生物は、最初は単純な個体から始まり、環境により適応した個体の遺伝子がより多く選択され、交叉・突然変異を交え、新しい子孫を作るサイクルを通じ、現在の複雑で多様な姿に進化してきたと説明される。

　このような進化過程を、環境に対する個体のよりよい適応過程とみなせば、種々の問題解決の基本である最適化問題を解くことに通じる(図3.4.1-1)。最適化問題は、適応度曲線の最大値となる最適解を発見する問題である。最適解を発見する一番単純な方法は全数探索であるが、簡単な問題でも組み合わせ爆発を起こす。より賢い方法は、曲線の勾配の情報を利用するもので、非線形計画法などの数理計画法の方法がこれに相当する。しかし、極値が複数ある複雑な適応度曲線の場合、出発点が悪いと局所解に陥る危険が存在する。自然界だけでなく、私たちが解きたい日常的な問題の多くが、このような複雑な適応度曲線を有している。進化論をベースにした遺伝的アルゴリズムは、複数の個体が、確率的に選択、交叉、突然変異を行うことで大局的な探索を行い、より環境に適した個体、即ち解を発見する。

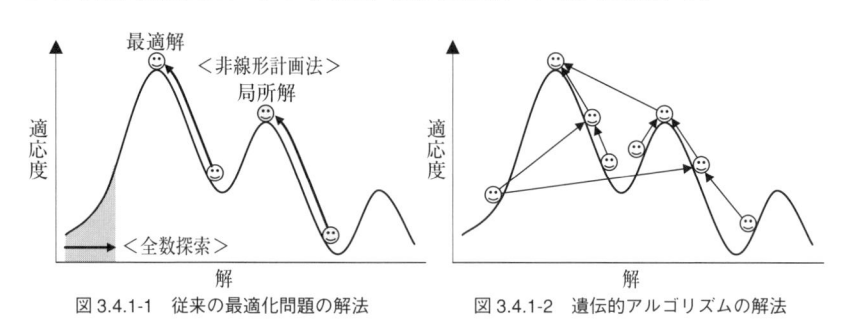

図 3.4.1-1　従来の最適化問題の解法　　図 3.4.1-2　遺伝的アルゴリズムの解法

3.4.2　遺伝的アルゴリズム(Genetic　Algorithms; GA)
(1) 概要

　GA は、数学者の John Holland によって 1975 年ごろ提案された、進化論を

モデルとした確率的な探索・最適化アルゴリズムである[1]。GA では三つの空間が用いられる。表現型は問題の解となりうる個体集合の状態空間、遺伝子型は個体の特徴を染色体で表現した離散的な空間、そして、個体の環境となる評価関数による適応度空間である。染色体は、個体の特徴を遺伝子として離散的に表現し配列化したものである。遺伝子には通常 2 進数が用いられるが 10 進数も用いられる。図 3.4.2-1 に、S 造建物の柱・梁断面の設計問題でのコーディング例を示す。遺伝子型に対象を表現する際には注意が必要である。各遺伝子の情報が相互に依存している場合、交叉・突然変異により実行不可能な解である致死遺伝子が生成され、探索効率が著しく低下する場合がある。

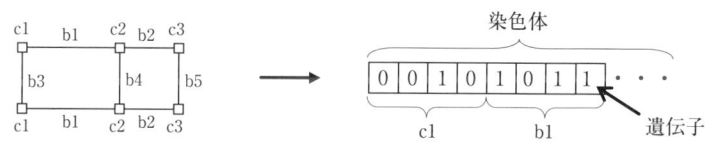

Cx: 柱(建築構造用冷間形角型鋼管)

遺伝子型	表現形	
遺伝子情報	部材断面	鋼種
0000	□-200×200×9	BCR295
0001	□-200×200×11	BCR295
…	…	…

Bx: 梁(H型鋼)

遺伝子型	表現形	
遺伝子情報	部材断面	鋼種
0000	H-200×100×5.5×8	SS400
0001	H-248×124×5×8	SS400
…	…	…

図 3.4.2-1　染色体例

(2) GA の処理の流れ

基本的な GA である、単純 GA の処理の流れを図 3.4.2-2 に示す。

a．初期集団の生成

染色体を、ランダムに定められた数だけ生成する。

b．評価・終了判定

作られた染色体を解読してもとの個体に変換し、定義された評価関数に従って個体の評価を行い、染色体の適応度を計算する。適応度が設定値に達した、指定世代だけ進化を繰

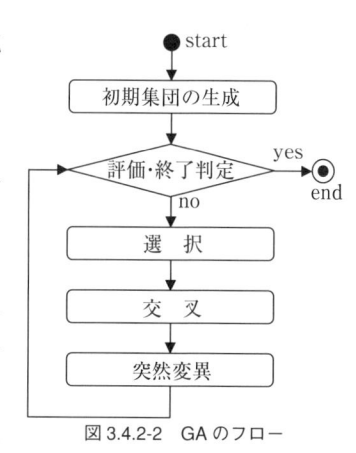

図 3.4.2-2　GA のフロー

り返した、などの条件に達したら終了する。

c．選択

染色体の適応度にしたがって、次世代の親を選択する操作である。これにはいくつかの方法がある。

1）ルーレット選択：各個体の適応度に比例した確率で、次世代の親を残す。個体の適応度のバランスが悪いと染色体の多様性が損なわれ、早期に局所解に陥る(初期収束)可能性が高まるので、元の適応度をスケーリングして調整することもある。

2）ランク選択：各個体の適応度の高い順に個体に順位をつけ、その順位に応じてあらかじめ決められた倍率ないし確率的な方法で、親の選択を行う。ルーレット選択よりも、初期収束へ陥る危険性が少ないと言われている。

3）トーナメント選択：集団からN個の個体(2個が多い)をランダムに抽出して、その中で適応度の高い個体を親とする操作を必要回数繰り返す。この方法は、集団の全個体の適応度の計算をする必要が無い。

4）エリート保存：上記の選択方法に、最も適応度の高い個体を、交叉・突然変異無しで常に残す処理(エリート保存)を追加することで、世代を通じた最良解を保存できる。しかし、局所解に陥る危険を増す場合がある。

d．交叉

図3.4.2-3に、交叉・突然変異の方法を示す。交叉は、二つの親の染色体を掛け合わせて、二つの子の染色体を作る遺伝的操作である。以下のような方法がある。

1）一点交叉：染色体のどこか一点がランダムに選択され、その点以降の遺伝子が交換されて子の染色体が作られる。

2）複数点交叉：N点の交叉点がランダムに選択されて交叉が行われる。一点交叉では、交換される情報に偏りが生じるので、それを緩和する効果がある。

3）一様交叉：一方の子の遺伝子座の情報を、どちらかの親から引き継ぐかをランダムに決定し、残りの子は、選ばれなかった方の遺伝子を引き継ぐ。

e．突然変異

染色体のそれぞれの各遺伝子において、ある確率で値を変化させる。2進数

表現の場合は、0 → 1、1 → 0 に、10 進数表現の場合、元の値の近傍、もしくはまったくのランダムに変化させるなど、いろいろな方法がある。

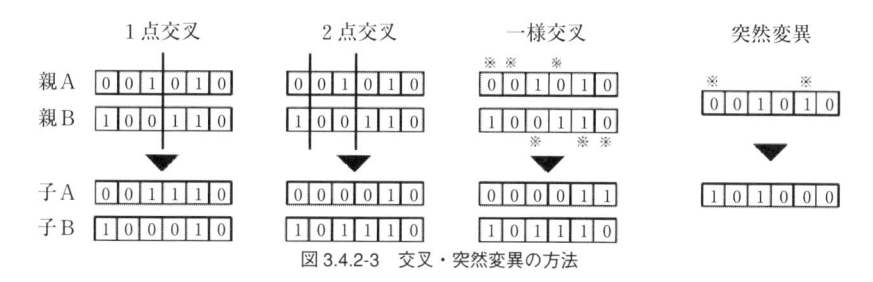

	1 点交叉	2 点交叉	一様交叉	突然変異
親 A	0 0 1 0 1 0	0 0 1 0 1 0	0 0 1 0 1 0	0 0 1 0 1 0
親 B	1 0 0 1 1 0	1 0 0 1 1 0	1 0 0 1 1 0	
子 A	0 0 1 1 1 0	0 0 0 0 1 0	0 0 0 0 1 1	1 0 1 0 0 0
子 B	1 0 0 0 1 0	1 0 1 1 1 0	1 0 1 1 1 0	

図 3.4.2-3　交叉・突然変異の方法

3.4.3　GA の発展形

単純 GA では解くのが難しい問題も多く、それに対応した新しい GA や、GA ならではの新しい使い方が提案されている。以下に、それらのうち、重要と思われるものを示す。

例えば、単純 GA の染色体は離散値を扱うが、連続値で最適化をしたい場合がある。このような場合、実数値 GA[2]が用いられる。また、単純 GA では一つの目的関数に対して個体を進化させるが、世の中の問題の多くが、コストと構造安全性といった、トレードオフのある複数の目的関数をより充足する解（パレート最適解）を求める問題である。このような場合、多目的 GA[3]が用いられる。また、一般的な GA では、個体集団数、交叉数、突然変異率などの多くのパラメータが必要で、これらをうまく調整しないと思うような結果が得られない。パラメーターフリー GA[4]は、これらのパラメータの設定を不要とした GA で、常に高い探索性能を発揮する。最後に、GA は直接探索法であり、最適化を行うのに事前に目的関数を陽に定義しておくことが必須ではない。GA のこの性質を活かし、人間の主観的な評価を目的関数として、対話的に問題解決を行う対話型 GA[2)4)]に関する研究が、デザイン、音声処理、制御、データマイニングなど多くの分野で進んでいる。

〈瀧澤〉

参考文献
1 ）Holland, J.H.: Adaptation in Natural and Artificial Systems, MIT Press, 1992
2 ）伊庭斉志：遺伝的アルゴリズム、医学出版、2002
3 ）北野宏明編著：遺伝的アルゴリズム 2、産業図書、1995
4 ）北野宏明編：遺伝的アルゴリズム 4、産業図書、2000

3.5　ニューラルネットワーク

　ニューラルネットワークは、人間の神経回路を模したネットワークを用いて自己学習する事により、任意の入力に対して出力を行う工学的情報処理システム[1]であり、建築分野においては景観評価[2]、性能設計[3]、損傷推定[4]等の明示的な関数で表現できない種々の複雑な工学的現象の同定に利用されている。

3.5.1　基本原理

　ニューラルネットの基本となる素子は、図3.5.1-1(a)に示される多入力1出力の素子であり、ニューロン、ニューロユニット、ユニット等呼ばれるが、本編では、単にユニットと呼ぶことにする。

　ユニットへの入力値 $u_1, u_2 \cdots u_n$ を、それぞれの入力値に対するユニットの重み係数を $w_1, w_2 \cdots w_n$、ユニットでのしきい値を θ とすると、ユニットからの出力値 y は、下式で表される。

$$y = F(\sum(u_i \cdot w_i) - \theta) \quad (i = 1, 2 \cdots n) \tag{1}$$

　$F(x)$ は、ユニットの入出力特性を示し、図3.5.1-2に示す特性がよく用いられる。ここで仮に、常に1の値をとる入力 u_0 を新たに考え、この0番目の入力に対するユニットの重みを $-\theta$ と定義すると、式(1)は、下式のように簡略化でき、図3.5.1-1(b)の様に図示される。このとき w_0 は、バイアスと呼ばれる。

$$y = F(\sum(u_i \cdot w_i) - \theta) \quad (i = 0, 1 \cdots n) \tag{2}$$

　ニューラルネットワークの学習とは、入力値 $u_1, u_2 \cdots u_n$ に対して出力 y となるように重み係数 $w_1, w_2 \cdots w_n$ を求めることに等しい。この学習は、バックプロパゲーションアルゴリズム(BP法)[5]がよく用いられている。

図-3.5.1-1 ニューラルネットの基本素子

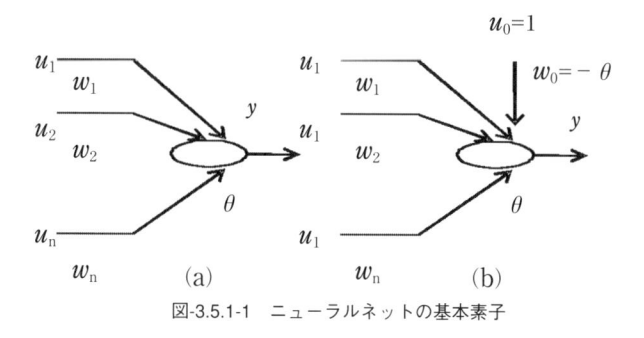

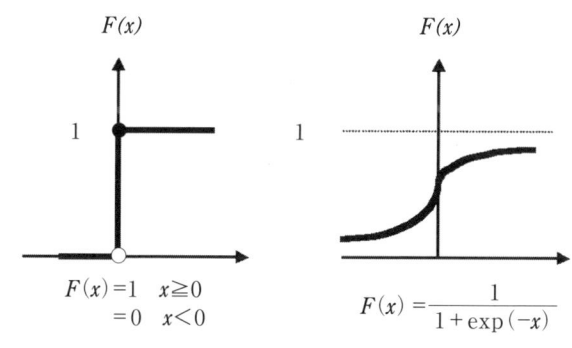

$F(x) = 1 \quad x \geqq 0$
$\quad\quad\quad = 0 \quad x < 0$

$F(x) = \dfrac{1}{1 + \exp(-x)}$

図 3.5.1-2 入出力関数

3.5.2 各種ニューラルネットワークのタイプ

ニューラルネットのユニットが相互に結合し合ってニューラルネットワークが構成される。主なネットワークの構成を以下に述べる。

(1) 階層型ネットワーク

Rosenblatt[6]により提案されたもので、パーセプトロン型ネットワークとも呼ばれている。この構成は図 3.5.2-1 に示すように、入力層、中間層、出力層からなり、それぞれの層は1個以上のユニットから成り立っている。あるユニットは、その層内のユニットとの結合はなく、その属する層の一つ下の層に属する全てのユニットの出力を入力として受け取り、その情報を加工して一つ上の層に属する全てのユニットに出力する。このようにして、入力層に入力された情報が、中間層を経るに従って加工処理されて出力層に伝達される。

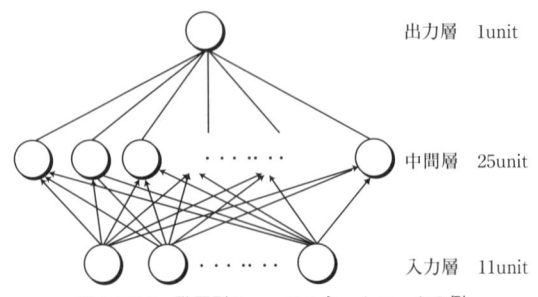

図 3.5.2-1　階層型ニューラルネットワークの例

(2) 相互結合型ネットワーク[7)]

このネットワークは、階層型ネットワークのような階層構造ではなく、図 3.5.2-2 に示すように相互に結合し合っているようなネットワークである。従って、階層型ネットワークのように情報伝達が、入力側から出力側へ一度だけ加工処理されて終了するのではなく、ある初期状態から出発して、ある安定な平衡状態に達するまでネットワークの状態変化が続行される。

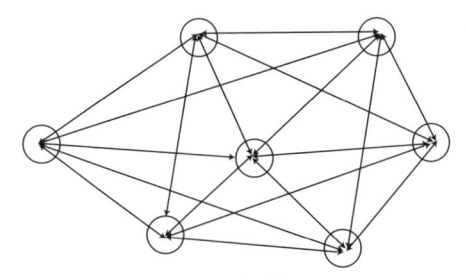

図 3.5.2-2　相互結合型ネットワーク

3.5.3 バックプロパゲーションアルゴリズム

今、M 層のニューラルネットワークを対象とし、第 m 層の i 番目のユニットへの入力の総和を $x_i^{(m)}$、第 (m-1) 層の j ユニットの出力を $y_j^{(m-1)}$ とし、第 m 層 i ユニットの出力値を下式のように定める。

$$x_i^{(m)} = \sum_j w_{ij}^{(m)} y_j^{(m-1)} \tag{3}$$

$$y_i^{(m)} = F(x_i^{(m)}) \tag{4}$$

出力層iユニットへは、教師ベクトル d_i が与えられており、教師ベクトルとNNの実際出力 $y_i^{(M)}$ の2乗誤差の総和を ε (5)式で定義すると、重み係数の更新は(6)式で求めることが出来る。ここで、nは学習サイクルであり、η は、収束速度を決めるパラメータである。2乗誤差の総和 ε が十分小さくなるまで繰り返す。

$$\varepsilon = \frac{1}{2}\sum_{i=1}^{NM}(y_i^{(M)} - d_i)^2 \tag{5}$$

$$w_{ij}^{(m)}[n+1] = w_{ij}^{(m)}[n] - \eta\frac{\partial\varepsilon}{\partial w_{ij}^{(m)}} \tag{6}$$

〈堤〉

参考文献

1) 甘利俊一：神経回路網の数理、産業図書、1978
2) 堤和敏、小笠原常之、沼尻和世：街並み評価システムの開発、第24回情報・システム・利用・技術シンポジウム、2001年12月、pp.7-12.
3) 堤和敏：ニューラルネットワークを利用した鉄骨造弾性立体骨組の性能指定最小重量設計法、日本建築学会構造系論文集、第496号、1997年6月、pp.137-141.
4) 井上賀介、谷明勲、河村廣、瀧澤重志：ニューラルネットワークを用いた建築構造物の損傷推定―同一観測点で観測された地震波に対する推定精度について―、第24回情報システム利用技術シンポジウム、2001年12月、pp.139-144.
5) Rumelhart,D., Hinton,G. and Williams,R.; Learning representations by back-propagation errors, Nature 323, pp.533-536, 1986
6) Rosenblatt,F.; The perceptron: a probabilistic model for information storage and organization in the brain, Psychological Review 65, pp.386-408, 1958
7) Hopfield,J.; Neural networks and physical systems with emergent collective computational abilities, Proceedings of the National Academy of Sciences 79, pp.2554-2558, 1982

3.6 カオス

一般に、カオス(chaos)は混沌とした状態を示す言葉であるが、科学の分野では、30年程前に発表されたT.Y.LiとJ.A.Yorkeの論文[1]から使われ始め、その意味も少し違っている。数学や物理の分野におけるカオスは、一見不規則で無秩序な現象が実はある規則の基に現れた必然的な結果である場合を指して使われている。カオスは、コンピュータの発達と共に次第にその姿が明らかにされつつあり、その結果、力学系の理論に革命的な変化が生じたとも言われている。ここでは、その入門的な部分について述べるものとする。

3.6.1 ロジスティック写像

カオスを理解するのによく用いられるものとして、離散ロジスティック方程式

$$x_{n+1} = ax_n(1 - x_n) \quad (0 \leq x_0 \leq 1, 0 \leq a \leq 4)$$

がある[2)3)]。この漸化式は変数xのn次ステップの値x_nによって次のステップの値x_{n+1}が決まるが、定数aの値によってxの収斂値が大きく変わる性質を持っている。

$a < 3$の場合X_nはある一点(不動点)に収束する(図3.6.1-1)が、aが3を越えると2つの平衡点を持つようになる(図3.6.1-2)。さらに、aの値が4に近づくにつれ、平衡点の数は4、8、16…と増えてゆく。これを周期倍化分岐と呼んでいる。やがて$a = 4$になるとX_nは収束せずに区間[0, 1]で様々な値をとる非周期軌道になる。これをピュアーカオスと呼んでいる。

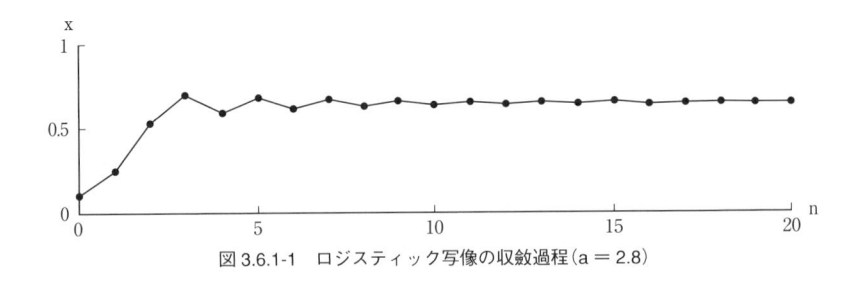

図3.6.1-1 ロジスティック写像の収斂過程($a = 2.8$)

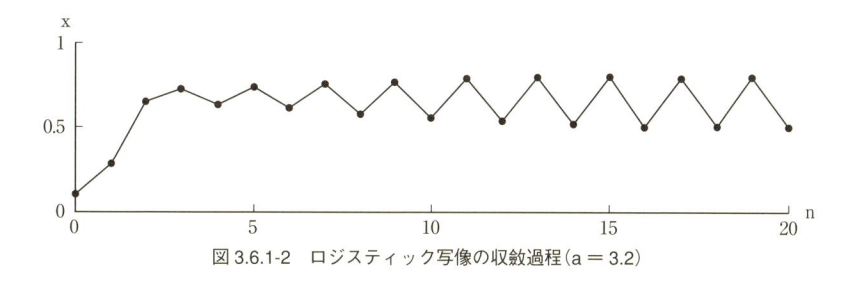

図 3.6.1-2　ロジスティック写像の収斂過程（a ＝ 3.2）

　図 3.6.1-3 は、このような a の値によるロジスティック写像の周期倍化分岐の様子を示している。また、3.825 ＜ a ＜ 3.865 の部分を拡大すると図 3.6.1-4 となる。

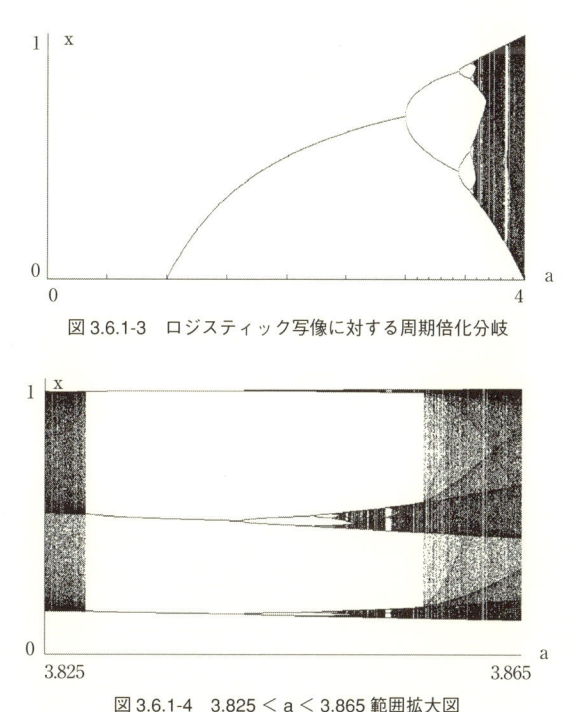

図 3.6.1-3　ロジスティック写像に対する周期倍化分岐

図 3.6.1-4　3.825 ＜ a ＜ 3.865 範囲拡大図

　この拡大した図には全体の図形に類似した平衡点が分岐する状況が含まれており、自己相似になっている。

3.6.2 位相平面とポアンカレ写像

図 3.6.2-1 は運動する物体の速度と変位を時間軸に対して示したもので、位相空間と呼ばれている。これを時間軸の方向から眺めるために、物体の動き（軌道）を変位および速度の軸上に投影したものを位相平面と呼んでいる（図 3.6.2-2）。また、一定の周期 T で時間軸上に設置された平面を物体が通過する点を集めたものをポアンカレ写像と呼ぶ。ポアンカレ写像は物体の動きの周期性を調べるには有効な方法で、もし物体が周期 T で運動していればいつも同じ点を通過するはずである。この位相平面に描かれた一点をポイントアトラクタと呼んでいる。逆に、物体が無秩序に動いていれば位相平面上に無数のばらついた点が見られるはずである。その中間的な状況として、位相平面内にある規則に支配されたかのような図形が現れる場合がある（図 3.6.2-3）。描かれた模様が平面図形である限り内部の点は無数にあり、それは物体の動きが非周期的であることを示している。しかしながらその軌道は決してその図形の外にはず

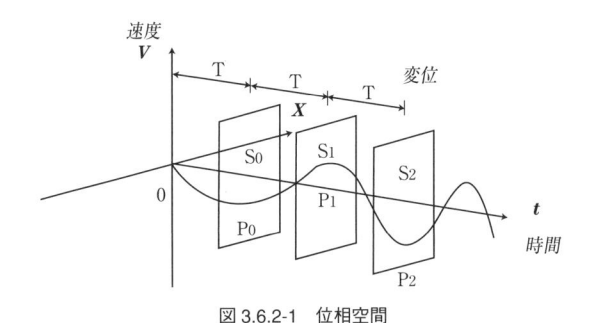

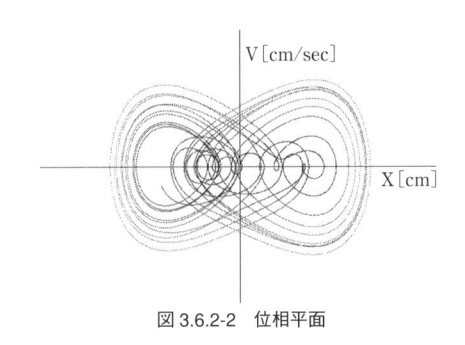

図 3.6.2-1　位相空間

図 3.6.2-2　位相平面

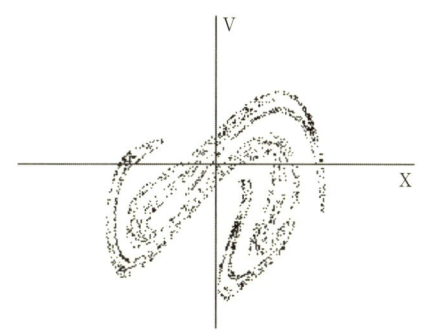

図 3.6.2-3　ポアンカレ写像

れることがないことから、ある規則に支配されていると考えられる。つまり、一見無秩序な動きが実はある規則に支配されており、必然的な結果として説明ができる。それが科学の分野のカオスである。

3.6.3　振動系におけるカオスとジャパニーズアトラクタ

ここでは、次式に示す非線形の微分方程式で支配される振動系の振舞いについて考える。

$$\ddot{x} + k\dot{x} + x^3 = B\cos t$$

これはダフィンの方程式と呼ばれており、単位質量を持った物体に対して、速度に比例する抵抗、変位の3乗に比例する復元力、および周期的な強制外力が作用した時の振動方程式である。この系の応答は、周期的外力に対していつまでも周期的な動きに収束せず非周期的な振舞いとなることがある。この応答の位相平面内軌道を図 3.6.3-1 に、ポアンカレ写像を図 3.6.3-2 に示す。

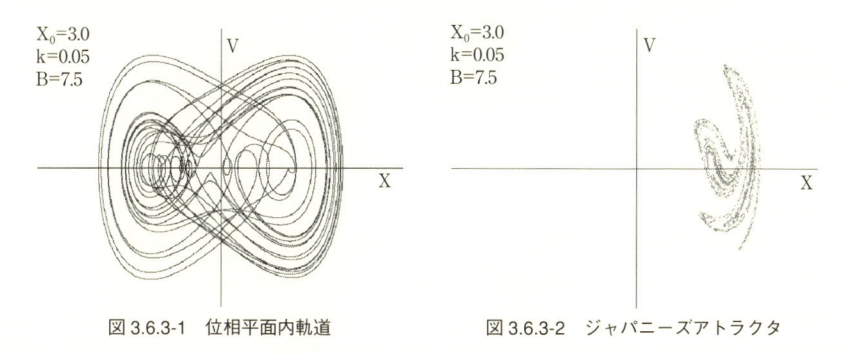

$X_0=3.0$
$k=0.05$
$B=7.5$

図 3.6.3-1　位相平面内軌道

$X_0=3.0$
$k=0.05$
$B=7.5$

図 3.6.3-2　ジャパニーズアトラクタ

これは上田によって研究された有名なポアンカレ写像で、ジャパニーズアトラクタと呼ばれており、カオスが日本人によって発見されたと言われる所以になっている [4)5)6)]。

3.6.4 様々な現象におけるカオス

カオス現象は、工学や生物学などの自然科学、さらには社会科学など、色々な分野で研究されており、人々に知られるようになってきた。その内、自然界における振動系のカオス現象の1つに、草食獣とそれを捕食する肉食獣の個体数の変化を示したLotka-Volterraの捕食方程式がある[5)]。このモデル化では、草食獣と肉食獣の個体数の変動は、2つの振り子の自由振動とよく似た振動をし、カオス的な振舞いをする。タンカーの係留塔のような海上構造物では、波による振動に対して低調波共振とカオス運動がみられることも知られている [5)7)]。また、経済学の分野では、1980年代に景気循環のモデルとして非線形動力学が用いられている[8)]。ここで挙げたのは一例にすぎないが、自然界や社会の現象には、カオスが存在しており、それは、現在、徐々に解明されつつある。さらに、ニューラルネットワークに発生するカオスを応用して、脳の持つ優れた情報処理能力の人工的実現を目指すニューラルコンピュータも研究されており[9)]、そうしたことが建築、都市および社会に与える影響は、決して小さいものではないと思われる。 〈小林〉

参考文献

1) T.Y.Li and J.A.Yorke, Period 3 Implies Chaos, American Monthly 82, pp.985-992, 1975
2) 早間 慧:カオス力学の基礎、現代数学社、1994
3) H. Peitgen, H. Jürgens and D. Saupe : Chaos and Fractals New Frontier of Science, Springer-Verlag New York, Inc., 1992
4) 上田皖亮:非線形性に基づく確率統計現象、電気学会論文誌, pp.167-173, 1978年3月
5) J.M.T. Thompson, H.B. Stewart, 武者利光 監訳、橋口住久訳:非線形力学とカオス、オーム社、1988年
6) 上田皖亮、西村和雄、稲垣耕作:複雑系を超えて、筑摩書房、1999
7) J.M.T. Thompson and R. Ghaffari, "Chaotic dynamics of an impact oscillator," Rhys. Rev., 27A, pp.1741-1743, 1983
8) 6)の書籍のpp.90〜102
9) 合原一幸:ニューラルコンピュータ 脳と神経に学ぶ、東京電機大学出版局、1988
10) 下條隆嗣:シミュレーション物理学(6) カオス力学入門 —古典力学からカオス力学へ—、近代科学社、1992

3.7 フラクタル

3.7.1 フラクタルとは

フラクタル(Fractal)とは、B.B.Mandelbrot(ベンワー　マンデルブロ)による造語で、ラテン語の形容詞 fractus から作られ、不規則で断片的なものという意味である[1]。英語の fracture(破砕)などからも連想されるように、壊れたギザギザの破片から構成される不規則な形をイメージすれば良い。フラクタルを扱う幾何学(フラクタル幾何学)は、これまでユークリッド幾何学が「形のないもの」として取り扱わなかった雲、山、樹木、海岸線などの形を扱うことができる[1]。フラクタルの数学的基礎は、19世紀末から20世紀のはじめにかけて、F. Hausdorff、W. Sierpinski、G. Cantor らの数学者により築かれているが、その複雑な形を取り扱うことを可能にしたのは、コンピュータの発達であると言われている[2]。

建築の分野でこのようなフラクタルを使うことができれば、建築はこれまでのユークリッド的形状を超えて、雲、山、樹木、海岸線などより自然界に存在する形に近い新しい形とそのシステムを獲得することができる。ここでは、そうした目標を視野に入れながら、フラクタルの基礎理論をなるべく分かり易く説明することにした。

3.7.2 フラクタルの定義

はじめに、数学的なフラクタルの定義について述べるが、この定義を満たす形状を考えると、読者自らの手でフラクタル図形を作ることができる。その図形を建築骨組や空間の形に利用すれば、その性能の善し悪しは別にして、過去の建築物とは違ったものができるのは確かである。以下にその要点を述べるので、詳細な証明等は、文献[3][4]を参照されたい。

図 3.7.2-1(a)は、Sierpinski の三角形と呼ばれるフラクタル図形が、縮小、回転、平行移動という操作を繰り返すこと(繰り返し縮小写像)により作られる過程を示したものである。図 3.7.2-1(b)は、筆者らが、杉の葉と呼ばれる図形を作る方法を応用して提案したトラス構造のための図形である[5]。はじめに、そ

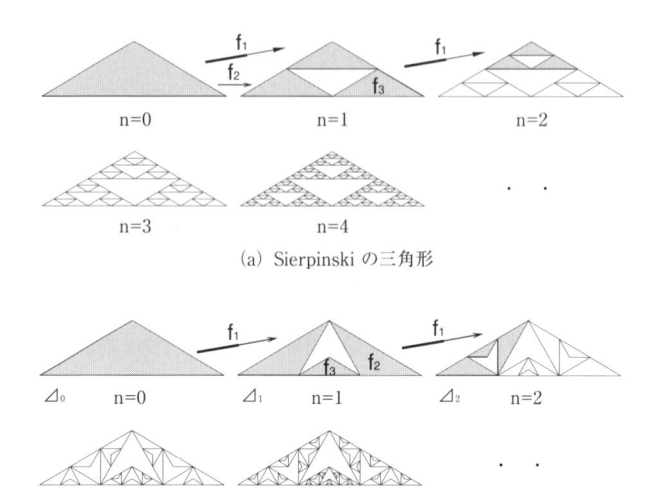

(a) Sierpinski の三角形

(b) 2つの縮小率を持つ の三角形

図 3.7.2-1　縮小写像を用いたフラクタルの生成

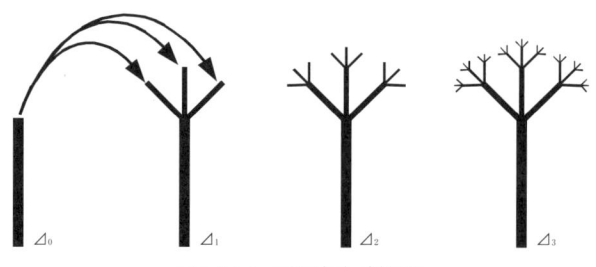

図 3.7.2-2　三分岐型の樹形図

れぞれの図における最初の三角形 $\triangle_0$ を縮小し、それを回転・平行移動して 3 つの小さな三角形を作る。この作業を縮小写像 {f_1, f_2, f_3} とすれば、n 回の繰り返し縮小写像で作られる図形 $\triangle_n$ は、

$$\triangle_n = f_1(\triangle_{n-1}) \cup f_2(\triangle_{n-1}) \cup \cdots \cup f_m(\triangle_{n-1}), \quad m = 1, 2, 3 \tag{1}$$

と書ける。ここで、扱っているのは m = 3 の場合であるが、本質的には m は 2 以上なら幾つでも良い。この時、

$$\triangle_0 \supset \triangle_1 \supset \triangle_2 \supset \cdots \triangle_n \supset \cdots \tag{2}$$

が成り立ち、(1)式は、n → ∞ の極限において、

$$\triangle = f_1(\triangle) \cup f_2(\triangle) \cup \cdots \cup f_m(\triangle), \quad m = 1, 2, 3 \tag{3}$$

となり、これが縮小写像 {f₁, f₂, f₃} に関する自己相似集合と呼ばれている。つまり、⊿に対し {f₁, f₂, f₃} なる変換をしても、もとのままという意味である。また、これに、

$$\dim_H (\varDelta) > \dim_H (f_i(\varDelta) \cap f_j(\varDelta)) \; (i, j = 1, 2, \cdots m \,;\, i \neq j) \tag{4}$$

$\dim_H (\varDelta)$：$\varDelta$ の Hausdorff 次元（後述参照）

なる条件が加わった集合(図形)を完全自己相似集合と呼んでいる。(4)式の厳密な意味を理解するには、別途文献[4]などを読む必要があるが、ここでは、写像 f_i と f_j により作られる部分が重なり合わないことを意味する(接するのはかまわない。)と述べるにとどめる。この完全自己相似集合のうち後述する Hausdorff 次元($\dim_H (\varDelta)$ または D_H)が非整数となる時、その図形はフラクタルと呼ばれる。これがフラクタルの１つである。

図 3.7.2-3 は、筆者らが提案した積層状のアーチ[6]で、図 3.7.2-2 は、三分岐型の樹形図であるが、これらもフラクタルである。同様に、それぞれの図における最初の図形 $\varDelta_0$ を縮小・回転・平行移動して３つの小さな図形を作る。この作業を縮小写像 {f₁, f₂, f₃} とすれば、それらに $\varDelta_0$ ($\varDelta$ の部分集合)加えて、n 回の繰り返し縮小写像で定められる $\varDelta_n$ は、

$$\varDelta_n = f_1(\varDelta_{n-1}) \cup f_2(\varDelta_{n-1}) \cup \cdots \cup f_m(\varDelta_{n-1}) \cup \varDelta_0, \; m = 1, 2, 3 \tag{5}$$

と表され、

$$\varDelta_0 \subset \varDelta_1 \subset \varDelta_2 \subset \cdots \varDelta_n \subset \cdots \tag{6}$$

が成り立っている。前述同様、極限集合で考えれば、

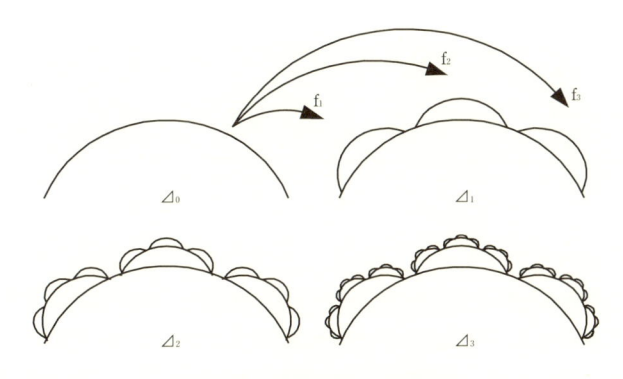

図 3.7.2-3　積層状のアーチ構造物

$$\varDelta = f_1(\varDelta) \cup f_2(\varDelta) \cup \cdots\cdots \cup f_m(\varDelta) \cup \varDelta_0, \quad m = 1, 2, 3 \tag{7}$$

で、

$$\dim_H(\varDelta) > \dim_H(f_i(\varDelta) \cap f_j(\varDelta))\ (i, j = 1, 2, \cdots m\ ;\ i \neq j) \tag{8}$$

$$\dim_H(\varDelta) > \dim_H(f_i(\varDelta) \cap \varDelta_0)\ (i = 1, 2, \cdots m) \tag{9}$$

が成立する時、$\varDelta$ は、完全内部自己相似集合と呼ばれている。これがもう1つのフラクタルである。(8)式と(9)式の意味については、縮小写像で作られる図形が互いに重なり合わないための条件(接するのはかまわない。)と理解するのが一番簡単であるが、詳しい説明を知りたい読者は前出の文献[4]を参照されたい。もし、厳密な幾何学的意味を必要とせず、フラクタルを作りたいなら(1)式と(2)式を満たすか、もしくは(5)式と(6)式を満たす図形を考えれば良いことになる。こうした図形は、アフィン変換を応用した反復関数システム(IFS)と呼ばれる数式[3][5][6]を用いて、

$$W_i \begin{Bmatrix} x \\ y \end{Bmatrix} = \begin{bmatrix} \alpha_{11} & \alpha_{12} \\ \alpha_{21} & \alpha_{22} \end{bmatrix} \begin{Bmatrix} x \\ y \end{Bmatrix} + \begin{Bmatrix} a \\ b \end{Bmatrix} \tag{10}$$

と表すことができる。Sierpinski の三角形の場合、それぞれの値は次の表 3.7.2-1 のようになる。

表 3.7.2-1 Sierpinski の三角形の IFS コード

W	α_{11}	α_{12}	α_{21}	α_{22}	a	b
W_1	0.5	0	0	0.5	a_1	b_1
W_2	0.5	0	0	0.5	a_2	b_2
W_3	0.5	0	0	0.5	a_3	b_3

但し、(a_i, b_i), $i = 1, 2, 3$ は、三角形の頂点座標を示す。

また、完全自己相似集合または完全内部自己相似集合となる図形の Hausdorff 次元(フラクタル次元の一種)D_H は、

$$\Sigma \lambda_i{}^D = 1\ (i = 1, 2, \cdots m) \tag{11}$$

なる式から D を計算すれば求められることが、数学的に証明されている。ここに λ_i は、縮小写像 f_i の縮小率である。Hausdorff 次元の定義や意味については、前述の文献[4]などに詳しく出ているが、ここでは(10)式から計算できる図形の次元と理解するほうが簡単である。また、Sierpinski の三角形のように

縮小率 λ_i が i の値によらず同じ値 S をとる場合は、

$$Ds = \log(m)/\log(1/S) \tag{12}$$

で定義される相似次元 Ds と Hausdorff 次元は一致している。
ちなみに、(11)式を用いて Sierpinski の三角形の Hausdorff 次元を求めれば、縮小率は 1/2 なので、

$$(1/2)^D + (1/2)^D + (1/2)^D = 1 \tag{13}$$

$\therefore D = \log3/\log2 \fallingdotseq 1.58\cdots\cdots$(次元)

となる。また、筆者らがトラス構造のために提案した三角形では、

$$(\lambda_1)^D + (\lambda_2)^D + (\lambda_3)^D = 1 \tag{14}$$

$\lambda_1 = \lambda_2 = 1/2\cos\theta$
$\lambda_3 = 1 - 1/2\cos2\theta$，ただし、$\theta$ は底角。

を満たす D をコンピュータで計算すればよい。図 3.7.2-4 は、その結果である。
Hausdorff 次元 D_H は、$0 < \theta < 45°$ に対して $1.58 < D_H < 2$ である。
また、著名なフラクタル図形としては、図 3.7.2-5、3.7.2-6、3.7.2-7 に示すカントール集合、コッホ曲線、マンデルブロの集合などがある。

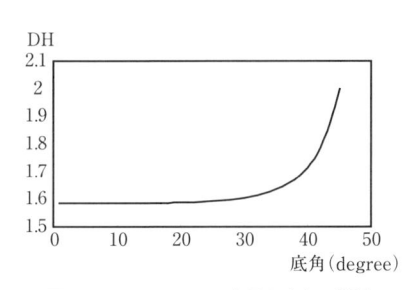

図 3.7.2-4　Hausdorff 次元と底角の関係

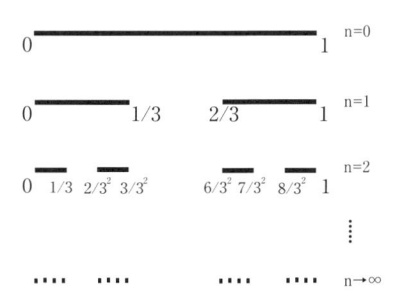

図 3.7.2-5　カントールの 3 進集合

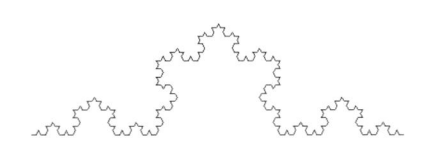

図 3.7.2-6　コッホ曲線

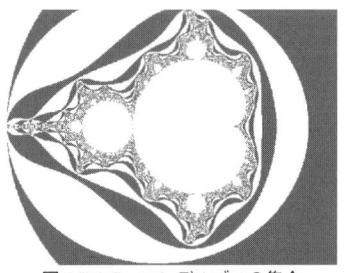

図 3.7.2-7　マンデルブロの集合

3.7.3. 自然界を含む実世界のフラクタル

自然界など実世界のフラクタルには、前章で述べた数学的な規則性以外に統計的なばらつき(不規則性)が含まれている。また、数学で無限に繰り返される縮小写像も、物理学では有限の範囲で考えている。数学上のフラクタルの定義は、理想化された極限の姿である。具体的な事例[2]としては、海岸線、川、山、谷などの地形、植物、雲、乱流、地震の発生頻度とマグニチュードの関係、肺や血管の構造、金属の凝集体、放電パターン、単位時間当たりの株価の変動などで、その他にも様々なものがある。

こうしたフラクタルに対して、その形の複雑さ(正確には数学上の距離空間を埋める密度)を示す値が前述の Hausdorff 次元である。統計的にばらつきのある形に対して縮小率を見いだすことは難しいが、Hausdorff 次元を近似的に求める方法はある。それが次元解析で、そうして求められた値はフラクタル次元と呼ばれる。ここでは、その中から正方形要素を用いた Box-counting と呼ばれる方法を簡単に紹介する。なぜ、この方法が近似的に Hausdorff 次元を示しているかは、文献[4]を参照して頂きたい。

図 3.7.3-1 は、直線と正方形を 1 辺の長さ d の正方形でメッシュ分割したものである。当然、分割して得られる図形の数 N(d) は、直線ならば d^1、正方形(面)なら d^2 に反比例している。つまり、分割して得られる図形の数は、辺の長さ d のべき乗に反比例しており、指数の値を読むと、直線は 1 次元、正方形は 2 次元という結果が得られる。

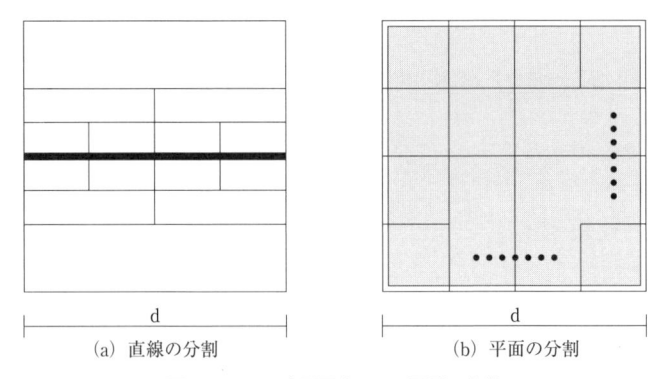

(a) 直線の分割　　(b) 平面の分割

図 3.7.3-1　正方形要素による図形の分割

この考え方を延長して、次元解析の対象となる図形をメッシュ長さ d の正方形で分割して、その図形が該当する箇所の正方形要素の数 N(d) を数え、d のべき乗に反比例すると仮定すれば、

$$N(d) = a \times d^{-k} \quad (a：比例定数、k：指数) \tag{15}$$

となる。両辺に対数をとれば、

$$\log(N(d)) = -k \log(d) + \log(a)$$

$$\log(N(d)) = -k \log(d) + b \quad (b：定数) \tag{16}$$

と書くことができる。そこで、正方形メッシュの辺の長さ d を何度か変えて、それぞれの N(d) を数え、両対数軸のグラフで表示した後、最小2乗法で k と b の値を決定すれば、その図形のフラクタル次元 k が求められる。

図 3.7.3-2 は、四万十川を正方形メッシュで分割した図で、図 3.7.3-3 は、文献[4]から引用したデータをグラフ化したものである。四万十川のフラクタル次元は、1.26 となる。現在では、このような方法で自然界に存在する様々な形のフラクタル次元が求められている[1)2)]。我々の身の回には、フラクタル性と統計的不規則性という2つの性質でつくられた形が数多く存在しているのである。そして、「比喩」でなく科学的な立場からこうした自然界に存在するかたちを建築に使うことは、まだ殆ど行われていない。 〈朝山〉

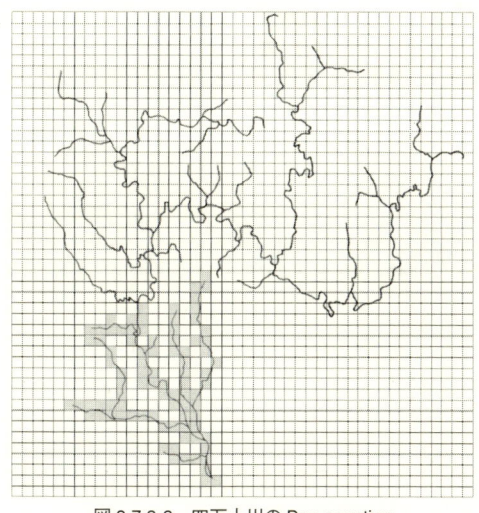

図 3.7.3-2 四万十川の Box-counting

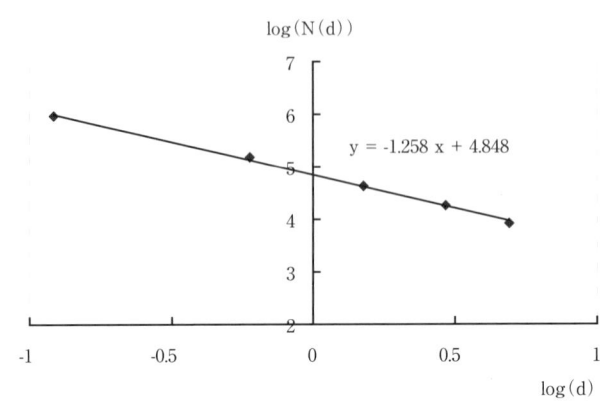

図 3.7.3-3 四万十川の次元解析(データは文献[4]による)

参考文献
1) B.B.Mandelbrot: The Fractal Geometry of Nature, W. H. Freeman and Co., New York, 1982.
2) 高安秀樹：フラクタル，pp.5-14，朝倉書店，1986 年
3) M. F. Barnsley: Fractals everywhere, pp.50-117, Academic Press, 1988.
4) 石村貞夫，石村園子：フラクタル数学，東京図書，1990 年
5) 朝山秀一：フラクタル幾何学に基づくトラスの形状生成と建築設計への応用，日本建築学会構造系論文報告集第 504 号，pp.133-139，1998 年 2 月
6) 朝山秀一，前稔文：フラクタル幾何学に基づく積層アーチの形状その応用に関する研究，日本建築学会構造系論文報告集第 557 号，pp.181-189，2002 年 7 月

第4章　複雑系の研究

4.1 建築

4.1.1 フラクタルを用いた建築骨組
(1) はじめに

　フラクタルは、これまで科学が取り扱わなかった雲、樹木、海岸線、結晶、血管などの形のしくみを数学的に取り扱うことを可能にした。人間の歴史と共に作られてきた建築は、直線、円、三角形、円柱、角柱、球など膨大な数のユークリッド幾何学図形の集合体であり、特に近代建築ではその幾何学的認識に基づき建築設計が行われ、図面が作成されている。また安全性確認のための構造解析もそれに立脚している。こう考えれば、フラクタルを用いて雲や公園の樹木と同じ形のしくみを建築に与えることは、自然界に存在する形と「形のしくみ」を共有する新しい建築を作る科学的な試みであると言える。ここでは、フラクタルを用いた建築骨組の形状生成法とそれをマトリックス構造解析用のデータに変換して骨組解析をした研究事例[1)2)3)]を紹介する。また、こうして作られた新しい建築的形状を視覚的に確認するため、コンピュータグラフィクスで内部空間などを表示する。

(2) 反復関数システム(IFS)を用いた建築骨組の形状生成

　フラクタルの良さは、複雑な形状が明快な論理で構成されている点にある。しかし、それを裏返せば、論理はシンプルでも形状は複雑であることを意味している。こうした形状を人間が一つ一つ手で作成していては、いつ完成するか分からない上、間違いが生ずる可能性が極めて高くなる。それならば、フラクタルが反復関数システムで表現できる[4)]ことを利用して、プログラムで自動的にその形状を作成した方が良いことになる。

　はじめに、杉の葉の生成過程を応用して作成した非対称形フラクタルトラスと積層アーチの反復関数コード(以下、IFS コードと呼ぶ。)を表 4.1.1-1 と表 4.1.1-2 に示す[2)3)]。図 4.1.1-1 の θ_1 および θ_2 はトラスの底角で、λ_1, λ_2, λ_3 は、トラスの構成要素である3つの三角形の縮小率を示している。それを具体的に示したものが、次頁の(1)式で、三角形の形状を決定する底角と縮小率の

複雑系の研究

関係は、

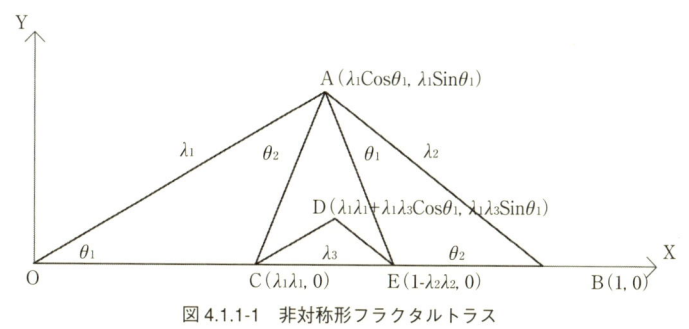

図4.1.1-1 非対称形フラクタルトラス

$$\lambda_1 = \tan\theta_2 / \cos\theta_1 (\tan\theta_1 + \tan\theta_2)$$
$$\lambda_2 = \tan\theta_1 / \cos\theta_2 (\tan\theta_1 + \tan\theta_2) \quad (1)$$
$$\lambda_3 = 1 - (\lambda_1^2 + \lambda_2^2)$$

となる。

表4.1.1-1 非対称形フラクタルトラスのIFSコード

W	α_{11}	α_{12}	α_{21}	α_{22}	a	b
W_1	$\lambda_1\cos\theta_1$	$\lambda_1\sin\theta_1$	$\lambda_1\sin\theta_1$	$-\lambda_1\cos\theta_1$	0	0
W_2	λ_3	0	0	λ_3	λ_1^2	0
W_3	$1-\lambda_1\cos\theta_1$	$\{(1-\lambda_1\cos\theta_1)^2-\lambda_2^2\}/\lambda_1\sin\theta_1$	$-\lambda_1\sin\theta_1$	$-1+\lambda_1\cos\theta_1$	$\lambda_1\cos\theta_1$	$\lambda_1\sin\theta_1$

次に、積層アーチについて述べる。縮小率αは、以下の(2)式で表すことができ[2]、それに基づいて表4.1.1-2に示すIFSコードが誘導される。

$$\alpha = \frac{\sin\theta}{\sin 3\theta} - \varepsilon\cos 3\theta - 2\sin\gamma\sin(\gamma + 2\theta) \quad (2)$$

但し、

$$\gamma = \frac{1}{2}\sin^{-1}(\sin 2\theta + \varepsilon\sin 3\theta) - \theta \quad (3)$$

$$S_0 = r_0\left(\cos\theta - \frac{\sin\theta}{\sin 3\theta}\cos 3\theta + \varepsilon\right) \quad (4)$$

107

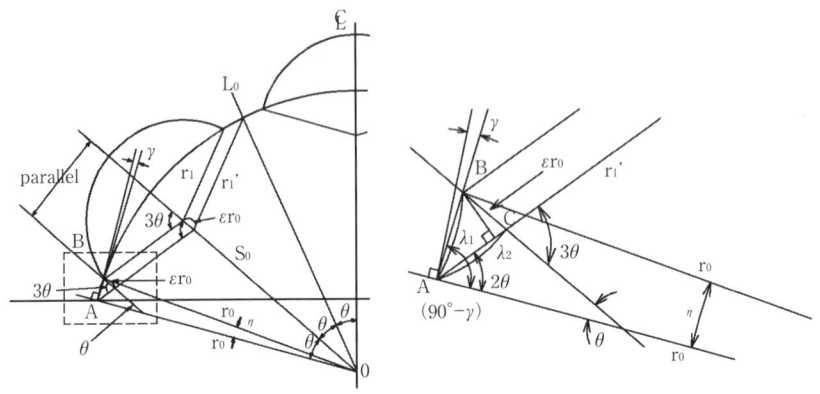

(a) アーチの各部とパラメータの関係　　　　(b) 破線枠内の詳細
図 4.1.1-2a　積層アーチと形状パラメータ

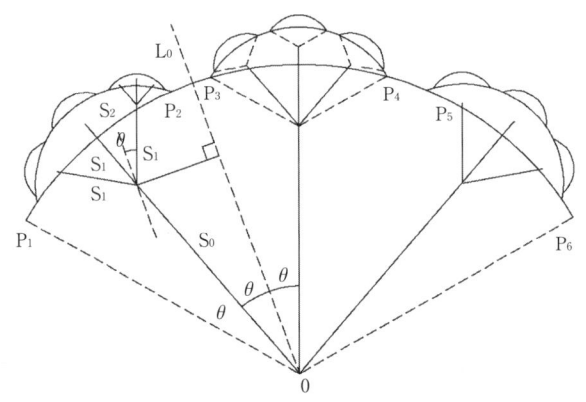

図 4.1.1-2b　積層アーチの形状（繰り返し写像の数 n ＝ 3 の場合）

表 4.1.1-2　積層アーチの IFS コード

W	α_{11}	α_{12}	α_{21}	α_{22}	a	b
W_1	$\alpha\cos2\theta$	$-\alpha\sin2\theta$	$\alpha\sin2\theta$	$\alpha\cos2\theta$	$S_0\cdot\cos(90°-2\theta)$	$S_0\cdot\sin(90°-2\theta)$
W_2	α	0	0	α	0	S_0
W_3	$-\alpha\cos2\theta$	$\alpha\sin2\theta$	$-\alpha\sin2\theta$	$\alpha\cos2\theta$	$S_0\cdot\cos(90°-2\theta)$	$S_0\cdot\sin(90°-2\theta)$

である。ここでは、以下の反復関数システム、

$$Wi\begin{Bmatrix}x\\y\end{Bmatrix}=\begin{bmatrix}\alpha_{11}&\alpha_{12}\\\alpha_{21}&\alpha_{22}\end{bmatrix}\begin{Bmatrix}x\\y\end{Bmatrix}+\begin{Bmatrix}a\\b\end{Bmatrix} \tag{5}$$

を用い、積層アーチを事例として、建築骨組の形状生成法について述べる。なお、非対称形トラスについては、同じ考え方で形状が生成できるが、詳しくは別途文献[3)]を参照されたい。

はじめに、図4.1.1-3に示すように基本となる円弧を16個の部材(17節点)に分割し、その節点の座標を計算する。次に、時計回りに節点番号を指定する。この円弧から、3つのIFSコードを用いたアフィン変換により、2層目の円弧の節点座標(17×3個)が得られる。ここで、節点番号の指定は、表4.1.1-2の第1のIFSコードで変換された円弧①から②、③と順次表示する。以上のような操作をn回繰り返したときの総節点数は、$45(3^{n}-1)2+17$個となる。

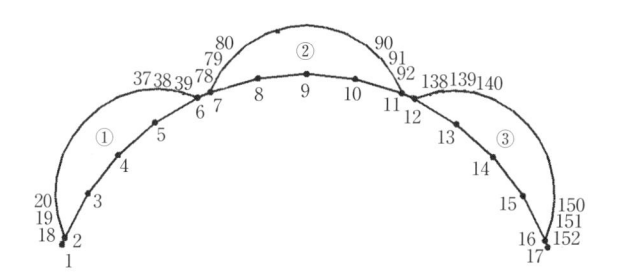

図4.1.1-3 積層アーチとその節点番号

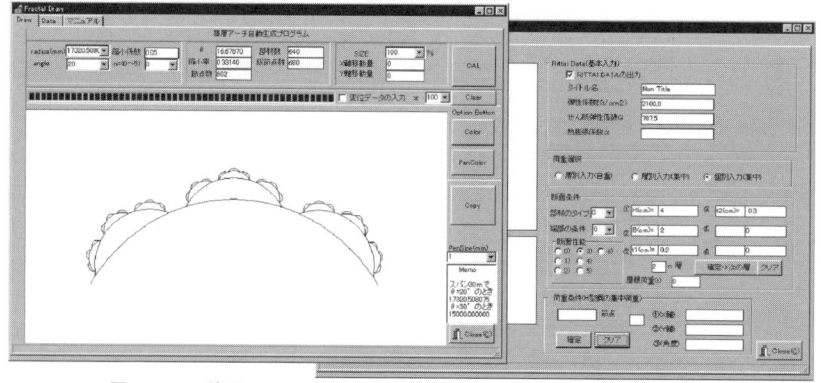

図4.1.1-4 積層アーチの形状生成プログラムのユーザーインターフェイス

次に、重複する節点については、プログラム上で各節点の座標を比較して、同じ値がある場合は節点が重複していると判断し、その節点番号を先に指定されている節点番号に置き換えている。さらにそれ以後の節点については、番号を連続になるように修正する。この場合、節点数はn回の反復で$17(3^n-1)/2$個である。部材の認識は、基本の円弧を左より各節点間を結ぶ16個の直線部

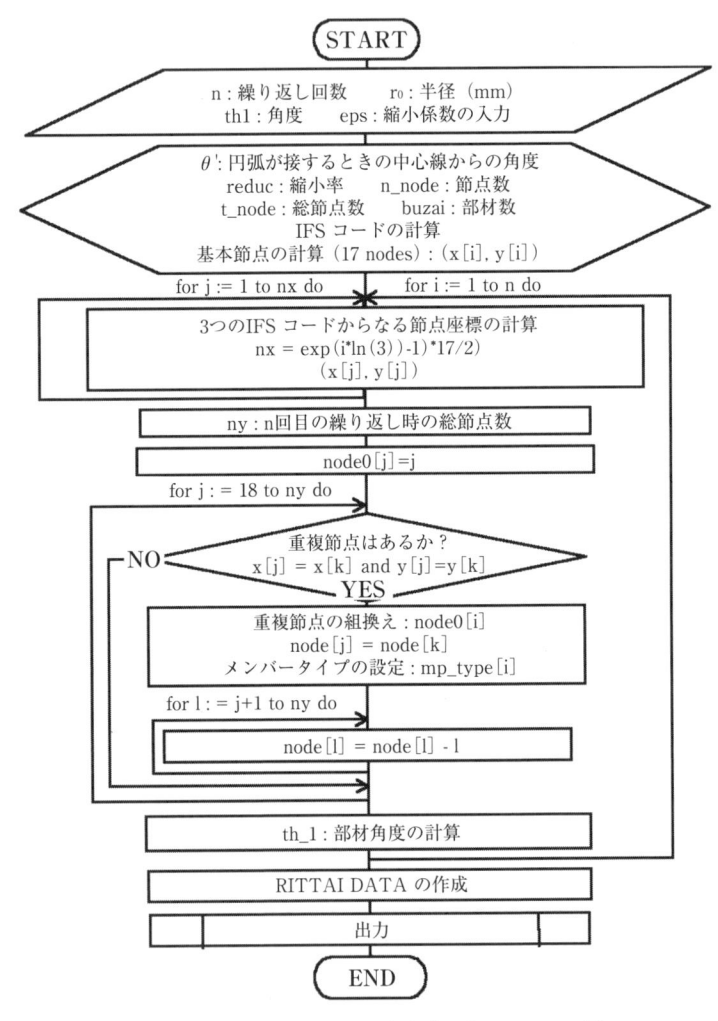

```
                    START
         ┌─────────────────────────────┐
         │  n：繰り返し回数  r₀：半径（mm） │
         │  th1：角度   eps：縮小係数の入力 │
         └─────────────────────────────┘
         ┌─────────────────────────────┐
         │ θ'：円弧が接するときの中心線からの角度 │
         │  reduc：縮小率   n_node：節点数     │
         │  t_node：総節点数  buzai：部材数     │
         │     IFS コードの計算              │
         │ 基本節点の計算（17 nodes）：(x[i], y[i]) │
         └─────────────────────────────┘
              for j:=1 to nx do       for i:=1 to n do
              ┌─────────────────────────────┐
              │ 3つのIFS コードからなる節点座標の計算 │
              │     nx = exp(i*ln(3))-1)*17/2)    │
              │           (x[j], y[j])            │
              └─────────────────────────────┘
              ┌─────────────────────────────┐
              │ ny：n回目の繰り返し時の総節点数    │
              └─────────────────────────────┘
              ┌─────────────────────────────┐
              │          node0[j]=j             │
              └─────────────────────────────┘
              for j:=18 to ny do
                    ◇ 重複節点はあるか？
         NO────  x[j] = x[k] and y[j]=y[k]
                         YES
              ┌─────────────────────────────┐
              │ 重複節点の組換え：node0[i]       │
              │      node[j] = node[k]          │
              │ メンバータイプの設定：mp_type[i]  │
              └─────────────────────────────┘
              for l:=j+1 to ny do
              ┌─────────────────────────────┐
              │      node[l] = node[l] - 1      │
              └─────────────────────────────┘
              ┌─────────────────────────────┐
              │     th_1：部材角度の計算         │
              └─────────────────────────────┘
              ┌─────────────────────────────┐
              │     RITTAI DATA の作成         │
              └─────────────────────────────┘
              ┌─────────────────────────────┐
              │            出力                │
              └─────────────────────────────┘
                         END
```

図 4.1.1-5　積層アーチの形状生成プログラムのフロー図

材で表し、以後節点番号と同様、順次認識する。こうして得られる部材の総数はn回の反復で $16(3^{n+1}-1)/2$ となる。

図 4.1.1-4 は、このプログラムのユーザーインターフェイスで、図 4.1.1-5 は、節点座標、節点番号及び部材の生成過程をフロー図として示したものである。

(3) 解析および適用例

ここでは、以上に述べた形状生成法に基づき作成した積層アーチの骨組解析例を紹介する。はじめに、縮小率 α とフラクタル次元 D（正確にはハウスドルフ次元）の関係、

$$\Sigma \alpha_i^D = 1 (i = 1, 2, 3) \qquad (1)$$

を用いて、形状パラメータ θ と ε に対するフラクタル次元を計算する（図 4.1.1-6）。その値は、図からも明らかなように 1.0 〜 1.24 次元である。

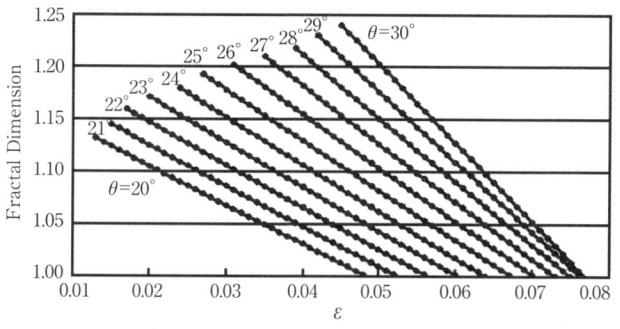

図 4.1.1-6 積層アーチの形状パラメータとフラクタル次元の関係

本書の方法では、形状パラメータ θ および ε の組合せに基づき、様々な形をした積層アーチを生成できるが、ここでは、なるべくフラクタル性が明瞭なもの、すなわち形が入り組んでいて複雑という意味で、隣接したアーチ間の距離が小さく、フラクタル次元の大きいものを1例（表 4.1.1-3 に示す形状パラメータ θ = 23°、ε = 0.02、フラクタル次元 = 1.1715）選び、解析の事例として示す。部材断面の寸法については、基本となるアーチ（1000 × 600 × 25 × 45）の梁せいに対して、縮小写像を受けるアーチの梁せいを縮小率 α とほぼ等しくなるように、JIS 規格の H 型鋼より選択した。対象としている積層アーチの縮小

率 α は、0.40 前後なので、アーチの各層における断面寸法は表 4.1.1-4 に示すように定めた。また、アーチの支持条件は、左端をピン、右端をローラーに定め、アーチのスパンを 30 m、各節点を剛接合とした。想定した鉛直荷重は、屋根の総荷重が現実的な値に近くなるよう、0.98 kN (100 kgf) を最上層アーチの各節点に作用させた。また、骨組形状を定める際には、最小部材の断面寸法及びスパン長さが構造的な意味を持つ範囲に留まるよう、繰り返し縮小写像の回数を 2 とした。なお、鋼材のヤング率は 205.8 kN/mm^2、せん断弾性係数は 77.2 kN/mm^2 とした。

表 4.1.1-3　積層アーチのスパンと形状パラメータ

スパン(m)	θ (deg)	ε	縮小率：α (%)	フラクタル次元
30	23	0.02	0.3915	1.1715

表 4.1.1-4　断面のサイズ

繰り返し写像の回数	H(mm)	B(mm)	t1(mm)	t2(mm)
0	1,000	600	25	45
1	400	200	8	13
2	150	75	5	7

図 4.1.1-7(a) は、積層アーチの各節点に上述のような鉛直荷重が作用したときの変位を 20 倍に拡大したものである。変位量は、ローラー支持部で水平方向に 2.40 cm、1 層目のアーチ中央部で鉛直方向に 1.27 cm である。

図 4.1.1-7(b)、(c)、(d) に、同様な鉛直荷重に対する積層アーチの軸力図、せん断力図、モーメント図を示す。軸力分布(図 4.1.1-7(b)) を見ると、節点番号 7～11(図 4.1.1-3 参照)に相当する積層アーチの中央部の部材に引張応力が生じ、タイビームのような役割が認められる。一般のアーチでは、全ての部材が圧縮材となるのに対して、積層アーチでは、最上層の荷重が中央 2 層目のアーチに伝達され、その支持部が左右に広がるためにこうした状況が生じており、それがローラー支持部の変位量を抑制しているものと考えられる。

せん断力分布と曲げモーメント分布を図 4.1.1-7(c) と (d) に示すが、これらの応力は、一般のアーチ構造とよく似た分布形状になっている。

一般に、フラクタルは複雑な形状なので、それを構造体に用いた建築物の形

複雑系の研究

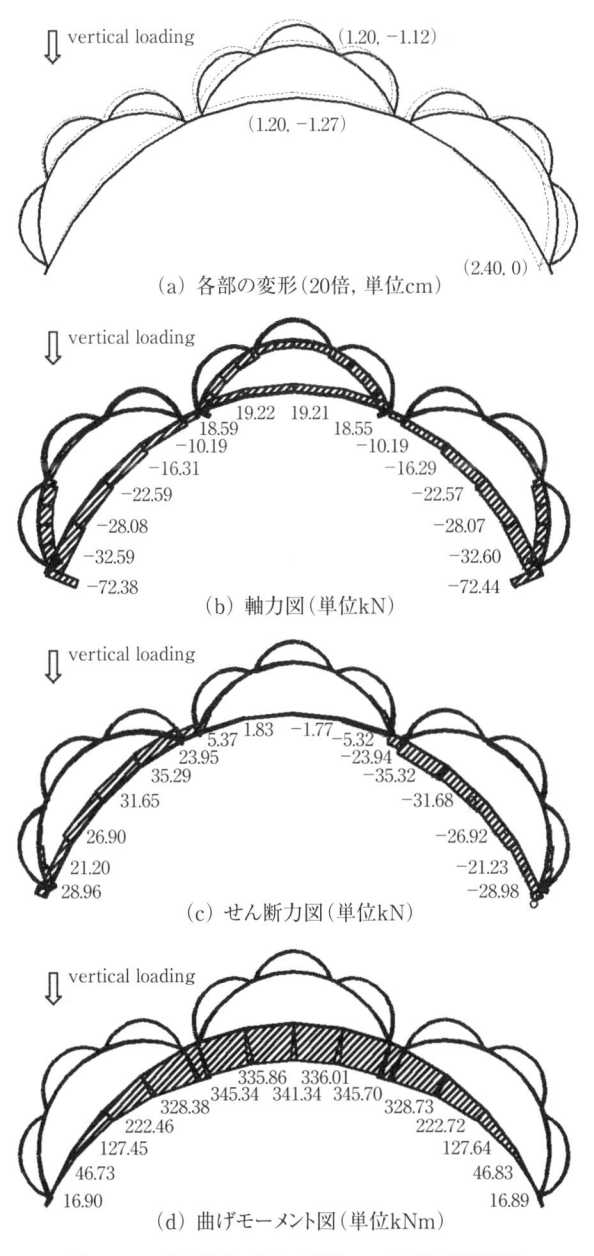

(a) 各部の変形（20倍，単位cm）

(b) 軸力図（単位kN）

(c) せん断力図（単位kN）

(d) 曲げモーメント図（単位kNm）

図 4.1.1-7　鉛直荷重に対する積層アーチの骨組解析結果

状を直感的に想像するのは難しい。そこで、それがどのような形状になるかを視覚的に確認するために、積層アーチを用いた屋内プールの基本設計例を3次元CADで作成して、図4.1.1-8に示した。H型鋼で構成される屋根架構に、自己相似性をはっきりと見ることができる。

(3) まとめ

ここでは、幾何学的に樹木と同じ生成過程を持つ積層アーチの形状を、反復関数を用いてコンピュータのプログラムで生成し、そこからを自動的に骨組解析データを作成する方法を紹介した。またその方法で、複雑な形状をした積層アーチの鉛直荷重に対する変形や応力を解析した例を示した。筆者らは、既に風洞実験により積層アーチの風圧分布係数も把握しており[4]、ここで述べた方法に基づき樹木と同じ形のしくみ(システム)を共有する建築物を設計することは、現実の問題として十分可能であると言える。　　　　　　　　　〈朝山・前〉

図4.1.1-8　3次元CADによるフラクタル構造の視覚化

参考文献

1) 朝山秀一：フラクタル幾何学に基づくトラスの形状生成と建築設計への応用、日本建築学会構造系論文集第504号、pp.133-139、1998年2月
2) 朝山秀一、前掲文：フラクタル幾何学に基づく積層アーチの自動形状生成とその応用に関する研究、日本建築学会構造系論文集第557号、pp.181-139、2002年2月
3) Shuichi ASAYAMA and Toshifumi MAE: Architectural Design and Structure of Computer-generated Arch with Fractal Geometric Form, Proceedings of the 10th International Conference of Computing in Civil and Building Engineering, Vol.1, pp.748-755, June 2004.
4) M.F.Barnsley: Fractals Everywhere, Academic Press, 1988.
5) 朝山秀一、前掲文：フラクタル幾何学に基づく積層アーチの風荷重に対する力学的性質に関する研究、日本建築学会環境系論文集第576号、pp.87-94、2004年2月

4.1.2 免震構造物の非線形挙動

(1) はじめに

　一般に、振動系におけるカオスは、復元力項が変位に比例しない非線形微分方程式を直接数値的に解いた場合、周期的入力に対する系の応答がいつまでも周期的な動きに収束しない現象として知られている[1)2)]。カオス現象は、非線形方程式のパラメータに依存しており常に発生するわけではないが、この振動系は、カオス力学系(Chaotic Dynamical System[3)])と呼ばれている。

　近年わが国では、耐震設計の思想は大きく変化し、免震装置や制振機構を用いて、構造物の履歴や振動減衰性を人工的に制御することも多くなり、その際に非線形の振動方程式を解くことが必要となってきている。ところが、その基盤となる地震応答解析について言えば、非線形現象に対して、線形方程式の剛性行列を系の状態に応じて書換える方法のみで対応しているのが実状である。こうした方法は、鋼構造のように履歴が直線的に変化する場合には有効だが、大変形時の鉄筋コンクリート系構造物や免震構造物のアイソレータのように履歴が曲線的で復元力項が変位に比例しない場合、振動系の応答を正確に解析できる数学的保証があるわけではない。本来、振動実験や地震観測と対比させ、解析の妥当性を検証すべきだと考えるが、現時点では、最大速度が100 kine (cm/sec)を超えるような地震動が作用した建築物で、それが確認できた例はない。

　ここでは、こうした背景を踏まえ、新しい非線形力学応用の第一歩として、大変形時における免震構造物のアイソレータのように歪が硬化する履歴を簡便

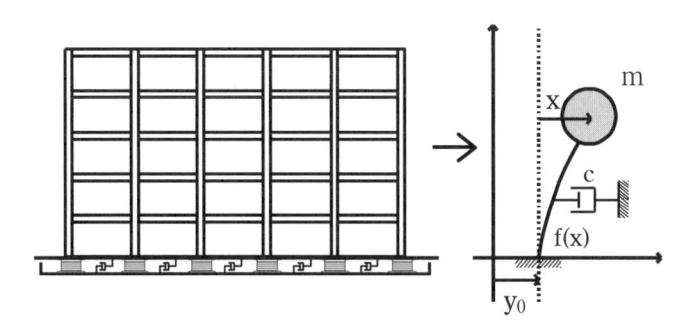

図 4.1.2-1　免震構造物のモデル化

なべき乗型履歴モデルで表し、従来の線形微分方程式に基づく近似的な方法と比較しながら、その非線形領域における性質を紹介する。

(2) 免震構造物のモデル化と数値解析の方法

免震構造物を図 4.1.2-1 のように上部構造を 1 つの質点とし、それを支持するアイソレータの復元力を 3 次曲線で硬化バネとして理想化すれば、この 1 質点系の非線形振動方程式は、

$$m\ddot{x} + c\dot{x} + k_1 x + k_2 x^3 = -m\ddot{\alpha}_0 \tag{1}$$

で与えられる。ここに、x：応答変位、m：質量、c：減衰定数、k_1, k_2：バネ定数、α_0：地動である。地動の項が正弦波の場合、(1)式は、Duffing の式となり、その解はカオスの発生を含み極めて複雑になる。3 次曲線で理想化した硬化バネに建築構造物としての意味を与えるため、図 4.1.2-2 に示す多田らが行ったアイソレータの加力実験[4)5)]を参照し、その復元力を

$$F_H = 0.8x + 2.67 \cdot 10^{-3} x^3 \tag{2}$$

と定めた。但し、荷重変形関係は、速度の変化によらず同じ履歴曲線上を動くと仮定している。

(1)式を

$$(\dot{x}) = -\frac{c}{m}\dot{x} - \frac{k_1}{m}x - \frac{k_2}{m}x^3 - \ddot{\alpha}_0 \tag{3}$$

と変形し、既にカオスの研究分野で広く用いられている解法として、Runge-Kutta 法を用いて地動に対する応答を求めた。

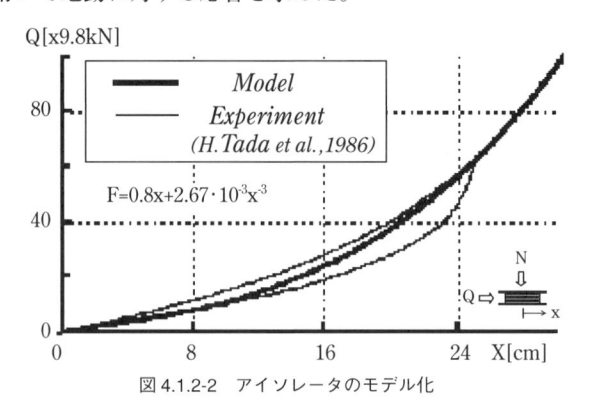

図 4.1.2-2 アイソレータのモデル化

複雑系の研究

(3) 1質点系の大振幅地動に対する非線形応答
a. 非線形解析と線形区間近似の比較

まず始めに従来の線形方程式に基づく弾塑性応答解析と比較するために、アイソレータの履歴を非線形でそのまま解析した場合と、図4.1.2-3に示すように履歴を10cm間隔で直線の区間に分割して近似した場合について比較した。

図4.1.2-4は振幅を150 kineとした周期3秒の正弦波を入力した場合と、最大振幅を同様に修正した1940年のEl CentroでのNS方向成分を入力した場合の応答で、図中の太線が非線形方程式を直接Runge-Kutta法で解いたもので、細線が線形分割区間を10cmに区切って線形方程式で近似した場合である。なお、応答計算の時間間隔は、0.001秒とし、系の減衰定数は5％である。

正弦波応答の場合、両者の差は少ない。しかし、地震動に対する応答では、10秒以降の時間領域で線形区間近似の方法を採用した場合、地震波に共振して振幅が増大する傾向を示し(図中細線)、その結果、応答の周期は硬化バネの

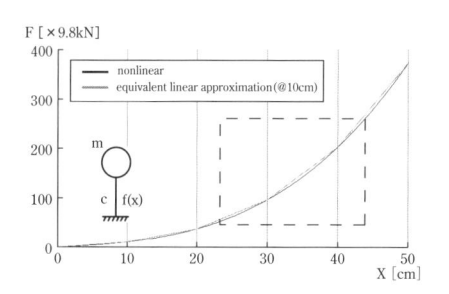

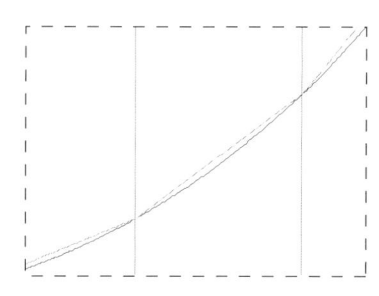

図4.1.2-3　非線形履歴と線形区間近似

(a) sinusoidal input of period 3.0 sec.

(b) El Centro 1940 NS

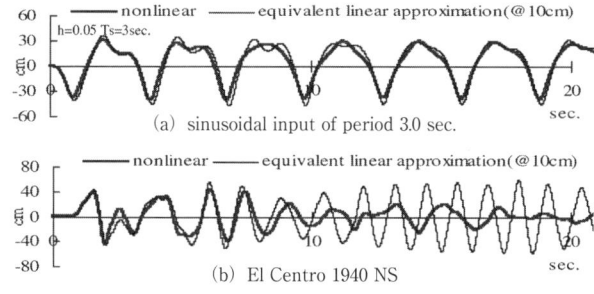

図4.1.2-4　非線形解析と線形区間近似の比較

117

性質により短くなる。これに対して、非線形方程式を直接解いた場合(図中太線)、同じ時間領域で振幅はそれほど大きくならず、周期の長い揺れとなる。これは、Thompson ら[6]が海洋構造物の応答で指摘した低調波共振に類似した現象と考えられる。また、こうした傾向とは別に、同じ地震波の EW 成分に対する応答では、非線形解析と線形区間近似による解析の差は少なかった。

b. 初期条件への依存性

図 4.1.2-5(a)は、初期弾性域での固有周期が 3 秒の質点と 2.94 秒の質点の El Centro 1940 NS に対する変位応答を比較したもので、(b)は、1978 年宮城県沖地震の NS 成分に対して、同様な固有周期の差を与えたものである。なお、応答計算の時間間隔は、0.001 秒で減衰定数は 5％とした。また図 4.1.2-6 は、図 4.1.2-5 と同様な地震波に対して、質点に 5 cm の初期変位を与えた場合の応答変位と、初期変位を与えない場合を比較したものである[7]。

カオス現象ほど顕著ではないが、明らかに固有周期の僅かな差や初期条件の

図 4.1.2-5 初期固有周期への依存性

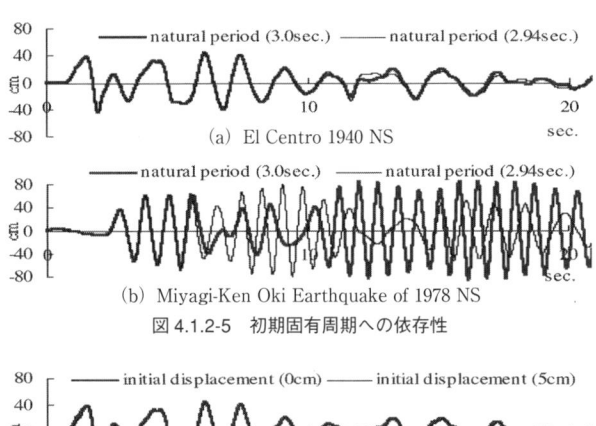

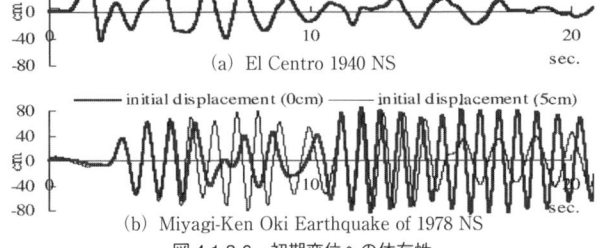

図 4.1.2-6 初期変位への依存性

差に対して系が鋭敏に反応する場合があることが分かる。このような硬化バネを持つ1質点系の非線形応答の複雑な性質は、Thompsonら[6)]が指摘したDuffingの方程式における解の初期条件への依存性を反映したものとして理解できる。

以上のような非線形系の性質を考慮すれば、正弦波応答の場合を除いて、非線型方程式を線形分割区間と複数の線形方程式を用いて近似することは避けるべきだといえる。

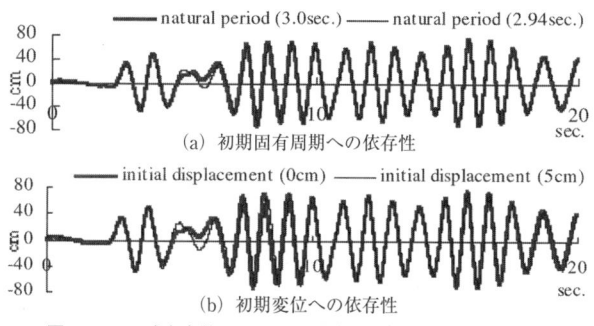

図4.1.2-7　減衰定数15％とした場合での初期条件への依存性

実際の建物を建設する場合について考えてみると、設計と現実の荷重が異なり、その結果、固有周期に数％程度の誤差が生じることは珍しくない。また、施工ミスにより初期変位が生じているかもしれない。もし、このようなわずかな誤差によって、計算した応答と現実の値に大きな差が生ずるとすれば、応答解析自体の意味が問われよう。

そこで、いかに系の応答を初期条件に対して安定させるかを試行錯誤した結果、粘性減衰を多めに与えることが有効であることが分かった。図4.1.2-7は、図4.1.2-5、図4.1.2-6に示した1978年宮城県沖地震のNS成分の入力に対する応答を選択して、減衰定数を15％に定めて同様な比較を試みたものである。この図では、図4.1.2-5、図4.1.2-6に示す減衰定数5％に対する応答に比べて、初期条件の差に対して応答があまり変化しておらず、図の太線と細線はほぼ同じような波形である。つまり、減衰定数を15％としたことが、初期条件への依存性を小さくすれることに寄与しており、非線形応答の場合でも、実物と解析モデルのわずかな違いを問題にしなくてよいことが分かる。

119

(4) 非減衰振動系の非周期的振る舞いとカオスアトラクタ

　数学的な意味での非線形方程式に、非周期的な振動現象が存在することは既に良く知られている。ここではその現象が、非線形履歴を応答制御機構に用いた建築構造物に存在することを確かめるため、初期弾性状態の固有周期を3秒と4秒に定めた質点系の応答のポアンカレ写像を調べた[8]。

図 4.1.2-8　正弦波に対する応答のポアンカレ写像

　図 4.1.2-8 は、正弦波に対する応答のポアンカレ写像で、横軸は変位(cm)、縦軸は速度(cm/sec.)を示している。なお、減衰定数は、こうした現象を明瞭に抽出するために0%に定め、応答の継続時間はそれぞれの正弦波の 8000 ～ 12000 周期分に設定し、入力正弦波の振幅は 150 kine とした。各写像のポアンカレ断面は、それぞれ入力正弦波の周期と一致するように定めている。図中の記号 Tw は入力した正弦波の周期、Ts は、質点系の初期弾性域の固有周期を

示している。応答が位相平面内で周期的な場合、入力の周期に合わせてポアンカレ断面を設定すれば、応答は周期的に幾つかの同じ点を通過するだけで、ポイントアトラクタを形成する。しかしながら、いずれも応答は極めて多数の点でアトラクタを構成している。図 4.1.2-8 の (g) のように、全くランダムな非周期運動を示すアトラクタも認められるが、それ以外のアトラクタは様々な形をしており、同じ非周期的な応答であっても、ある種の規則に支配されたカオス的現象と判断できる。

このようにカオス的な応答では、建物の初期変位や固有周期のわずかな違いによる影響を受けやすく、応答の予測が難しい。そのため実際の建物と解析モデルとの差が生じ易く、振動解析の結果が意味をなさなくなる可能性もある。こうした現象を防ぐには、前述の解析例のように制振装置などで建物の減衰性を高めることが有効であると考えられる。

〈小林〉

参考文献

1) 早間 慧：カオス力学の基礎、現代数学社
2) Nicholas B. Tufillaro, Tyler Abbot and Jeremiah Reilly, 上江洌達也, 重本和泰, 久保博嗣訳：非線形動力学とカオストポロジカルなアプローチ, Addison-Wesley Publishers Japan, Inc., 1994 年
3) Robert L Devaney, 後藤憲一訳：カオス力学入門, 1984 年
4) 多田英之：免震構造に関する実物実験(その 9)―実施構造物の Isolator Ⅰ―, 日本建築学会大会学術講演梗概集, pp.815-816, 1986 年 8 月
5) 多田英之：免震構造に関する実物実験(その 10)―実施構造物の Isolator Ⅱ―, 日本建築学会大会学術講演梗概集, pp.817-818, 1986 年 8 月
6) J.M.T. Thompson, H.B. Stewart, 武者利光 監訳、橋口住久訳：非線形力学とカオス、オーム社、1988 年
7) 相沢雅人,朝山秀一：カオス力学系としての多質点系免震構造物の非線形地震応答解析、第 20 回情報・システム・利用・技術シンポジウム論文集、日本建築学会、pp.385-390、1997 年 12 月
8) 朝山秀一：カオス力学系としてのパッシブな応答制御機構を持つ建築物の非線形挙動に関する基礎的研究、日本建築学会構造系論文集、p.179、no.544 2001 年 6 月

4.1.3 フラクタル次元による茶室意匠解析

(1) はじめに ―反抗としての美、或いは魅力としての複雑さ―

　芸術の世俗化が権力基盤の安定に起因することは、歴史的に見ても決して珍しい現象ではない。こうした傾向を権力及び大衆への迎合と捉え、あくまでも自身の進むべき道の探求にいそしむ芸術家の末路が、必ずしも幸福なものではなかったこともまた然りであろう。彼らにとっては表現者としての純粋な美的態度に過ぎなかったものが、結果としては時の権力に対する批判につながったわけであり、豊臣秀吉の千利休、徳川家康の古田織部への切腹の申し渡しも、こうした時代背景が要因であったと考えられる。ただ、こういった世俗に対する反骨精神なるものが、よりいっそうの美への追求の後押しになったともいえる。

　茶室成立の要因は様々だが、書院の茶が侘び茶へとその様態を変えていく過程にも、時の権力者或いは権力の座に在る階級に対する反抗の精神が大きく作用したと考えられる。当時の権力の象徴とも云うべき建築様式である書院造の、広大で開放的な空間のアンチテーゼとして茶室を考えるならば、その極小の、薄暗い、そして所々非整合ともいえるつくりが為されていることにも合点がいく。色紙窓と呼ばれる、壁一面に色紙を散らしたような配置や、台目のような寸詰まりの畳を敢えて平面計画に組み込む作業などは、モデュール等の合理的な発想からは決して生まれ得ないものである。むしろ、故意にそのずれを楽しんでいるかのように見える。こうした、作り手によって様々に仕組まれた非整合性が空間に動きを与え、茶室を面白くさせているのである。

　建築家であり研究者でもあったP.A.ミヒュリスは、彼の著作『建築美学』の中で、芸術の諸法則のひとつとしてのリズムについて一章を割いて言及している。そこでは、あらゆるリズミカルな生成の展開を支配する基本原理として、連続性、全体から諸要素への移行、均衡の三つを挙げた上で、以下のように述べている[1]。

　「均衡は対照的な物の存在を必要とし、全体は部分を、そして連続は中断を必要とする。そして統一は絶えず形成され、多様化しつつ完成されて行く」
即ち、リズムが美的条件として立脚するためには、単一要素のみの反復や羅列ではなく、相対する要素も含んだ連続でなければならないということである。

さて、茶室の空間内部を構成する各要素を打音と考えるならば、そうした打音の連続により生まれるリズムは、当然非整合性を含んだものであろう。しかし、ミヒュリスの言を考えるならば、そこには整合性も混在している筈である。秩序の存在しないところに意外性は無く、ただ闇雲に変化する打音の連続からは、我々は美しさや面白さを認識し得ないからである。

では、我々に美しさや面白さを感じさせるリズムとは、秩序や無秩序といった相対する要素を如何ほどの配分において調合されたものなのだろうか。本論では、リズムの複雑さを解析する尺度としてフラクタル次元を利用し、以上の疑問点に迫ってみたい。

(2) フラクタル次元の有効性

茶室意匠のような複雑な事象を数理的に批評しようとする際に最も重要なことは、当該事象にとってより精度の高い評価手段を得ることであろう。以上は、本論の分析手法としてフラクタル次元を採用する所以でもある。

従来、一般的に用いられてきた空間次元は、点としての0次元、線としての1次元、面としての2次元、そして立体としての3次元といった整数次元のみである。これに対し、フラクタル次元では1.3或いは2.8といった非整数値の次元をも示すことができる。即ち、フラクタル次元を利用することにより、表現された形態の特徴をより細かい尺度で分析することが可能なのである[2]。

次項では、茶室意匠のリズムにおけるフラクタル次元の算出方法について解説する。

(3) 分析方法

a．基本方法

時間的或いは空間的にランダムな変量の統計的な性質は、変動量の周波数解析（スペクトル解析）によって明らかにできる。H.E.ハーストは上記に基づき、温度や気圧の変動、湖の水位、河川の流出などの自然界の変化を、スケール変換解析と呼ばれる方法によりH指数（ハースト指数）を計算し比較している[3]。さらに、このH指数(H)とフラクタル次元(D)[注]の間にはD = 2 − Hなる関係が成り立つ。

以上の一連の流れを本論における分析方法とする。即ち、
1) 対象となる形態における構成要素の配置をグリッドで表す。
2) グリッドを空間的変動曲線として表す。
3) 2)で作成した空間的変動曲線から、スケール変換解析によりH指数を測定する。
4) 3)で測定したH指数から、フラクタル次元を求める。
　以下、b.では上記の分析方法を茶室空間のリズムの分析に適用する場合について述べる。その際の分析例として、本研究における分析対象の1つである妙喜庵待庵を取り挙げ、そのフラクタル次元を実際に算出する過程を示す。

b．茶室空間への適用
1) 構成要素のグリッド化
　妙喜庵待庵の任意の位置に座し周囲を見回すと、我々の視覚下にはどのように映るだろうか。図4.1.3-1は待庵の起こし絵図であるが、ぐるりと見回すことによって、同図四方の展開図に示されている背景は、連続されたかたちで視覚下に飛び込んでくる(図4.1.3-2(a))。
　我々はある空間を体験するとき、初期動作としてしばしば空間全体を見回す。それは視覚より得られる情報によってその空間を認知しようとする行為であり、初めて体験する空間において、こうした行動は頻繁に為される。つまり、空間内部の様々な要素群が織りなすリズムは、我々がその空間に対して或る感情を抱くときの重要な手がかりとなり、インプレッションとして焼き付けられるのである。
　次に展開図の連続により、各要素(色紙窓、障子、柱、襖等)の配されている位置をグリッドとして表し、リズムのデータとなる情報を明確にする(図4.1.3-2(b))。こうしてみると、全て一律の寸法が基準となっているわけではなく、大小さまざまな寸法が組み合わさって茶室内部を構成していることがわかる。換言するならば、こうした変動の連続によって待庵のリズムがつくられているといえよう。

2) リズムの可視化
　次に図4.1.3-2のグリッドにおける諸部分の間隔に着目し、空間的変動曲線

複雑系の研究

図4.1.3-1 待庵の起こし絵図

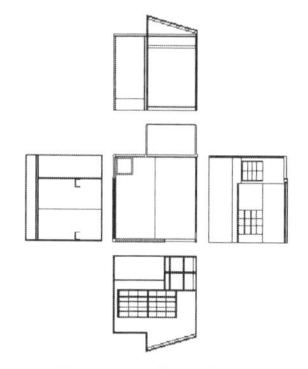

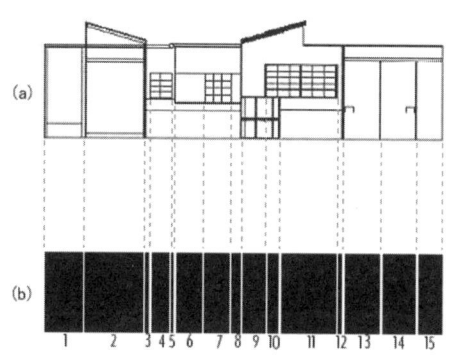

図4.1.3-2 グリッドの作成 (a)待庵の展開図の連続
(b)グリッド(下の数字はグリッドナンバー)

として表す(図4.1.3-3)。この操作により茶室空間のリズムを1つのノイズとして扱うことができ、スケール変換解析によりH指数及びフラクタル次元を求めることが可能となる。

c．H指数及びフラクタル次元の算出

スケール変換解析では、対象となる変動曲線における最大の変動幅に着目する[3]。表4.1.3-2は2)で作成した待庵の空間的変動曲線における水平軸のスケールを1,1/2,1/4,1/8にそれぞれ分割したときの最大値と最小値の差異の平均値を示したものである。H指数は、こうして求めた差異を、その水平軸のスケールと共にそれぞれ両対数グラフにプロットし、得られる回帰直線の傾きを測定することにより求まる(図4.1.3-4)。

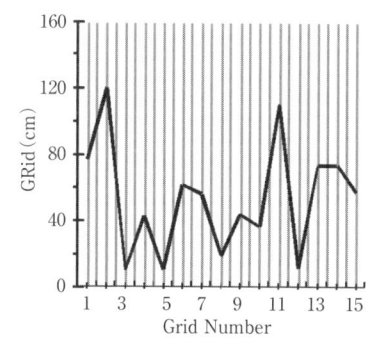

図4.1.3-3 待庵のグリッドから作成した空間的変動曲線
(横軸はグリッドナンバー、縦軸はグリッドの長さ)

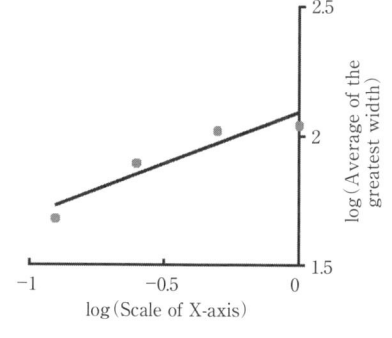

図4.1.3-4 表2のデータより作成した
両対数グラフとその回帰直線

図 4.1.3-4 における回帰直線の傾きは 0.40 であり、H = 0.40 と求まる。

また、先に述べた H 指数 (H) とフラクタル次元 D の関係〔D = 2 − H〕により、待庵のフラクタル次元は D = 2 − 0.40 = 1.60 と算出される。

表 4.1.3-1 図 4.1.3-3 の曲線のデータとその対数

Scale of X-axis(x)	log(x)	Average of Width(y)	log(y)
1	0	110	2.041
1/2	− 0.301	104.5	2.019
1/4	− 0.602	78.75	1.896
1/8	− 0.903	48.125	1.682

(4) 比較及び考察

本論では待庵を含め、国宝及び重文の茶室 12 点をサンプルとして扱った[4]。なお図 4.1.3-5 はその全サンプルの空間的変動曲線であり、表 4.1.3-2 は H 指数及びフラクタル次元の測定値の一覧である。同表より、それぞれのサンプルにおけるフラクタル次元の値を比較すると、興味深い結果が浮かび上がってくる。

図 4.1.3-6 は表 4.1.3-2 における各サンプルのフラクタル次元の測定値を図化したものであるが、同図をみるとフラクタル次元の値が 1.4 のラインを境に、上部 (D > 1.4) に 8 個のサンプル、

下部 (D < 1.4) に 4 個のサンプルがそれぞれ分布していることがわかる。また、上の 8 個はその形式から「草庵茶室」、下の 4 個は「書院風茶室」と呼ばれるものである。つまり上記 2 形式の茶室は各々、フラクタル次元の値の大小により明確に区分されているのである。では、この 2 形式にはどういった特徴乃至は相違があるのだろうか。

複雑系の研究

①妙喜庵待庵　　　　②玉林院簔庵　　　　③金地院八窓席

④聚光院 閑隠席　　　⑤有楽苑如庵　　　　⑥浄土寺露滴庵

⑦三渓園 春草盧　　　⑧真珠庵 庭玉軒　　　⑨龍光院密庵席

⑩孤蓬庵 忘筌　　　　⑪孤蓬庵山雲床　　　⑫玉林院霞床席

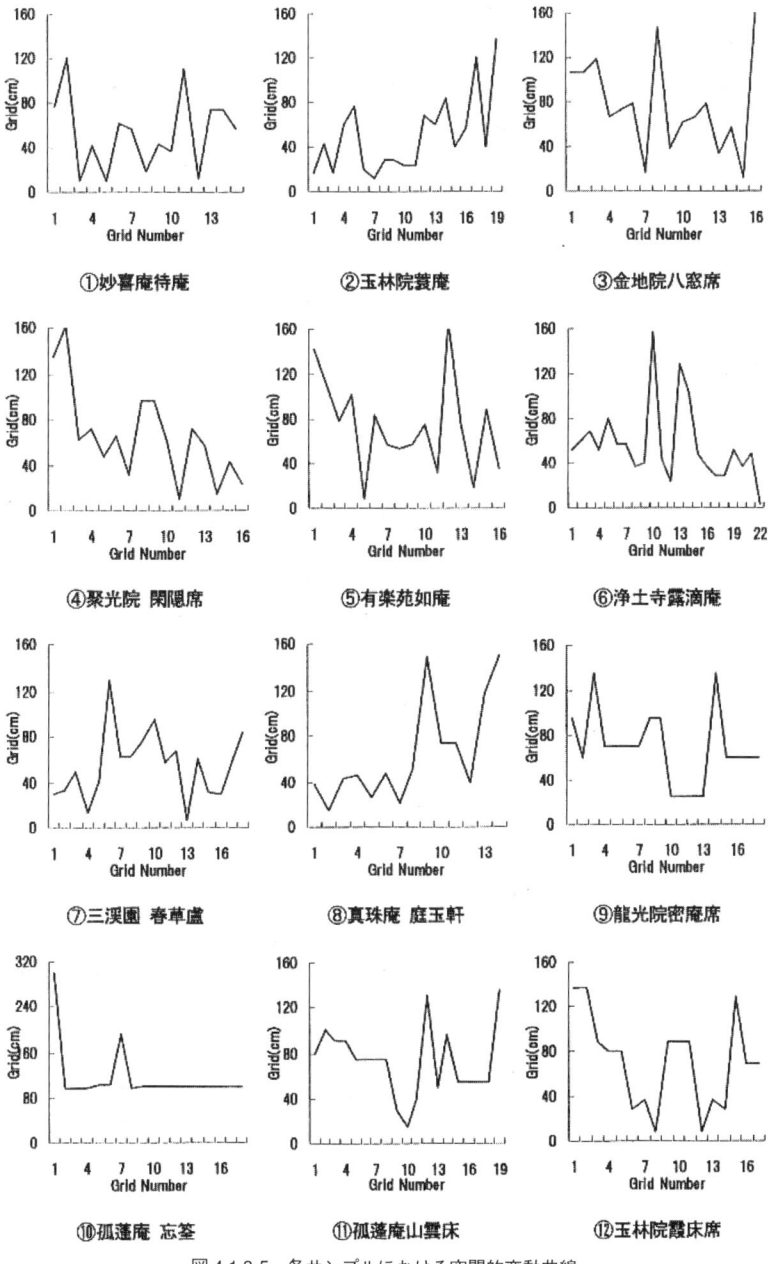

図 4.1.3-5　各サンプルにおける空間的変動曲線

127

表 4.1.3-2 ハースト指数及びフラクタル次元の一覧

席名	ハースト指数	フラクタル次元
①妙喜庵 待庵	0.40	1.60
②玉林院 蓑庵	0.45	1.55
③金地院 八窓席	0.55	1.45
④聚光院 閑隠席	0.55	1.45
⑤有楽苑 如庵	0.57	1.43
⑥浄土寺 露滴庵	0.51	1.49
⑦三渓園 春草盧	0.53	1.47
⑧真珠庵 庭玉軒	0.59	1.41
⑨龍光院 密庵席	0.75	1.25
⑩孤蓬庵 忘筌	0.70	1.30
⑪孤蓬庵 山雲床	0.61	1.39
⑫玉林院 霞床席	0.69	1.31

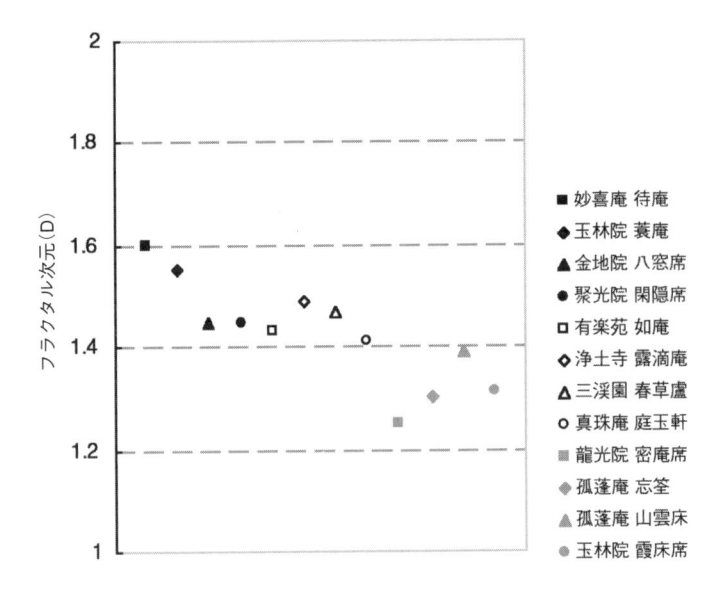

図 4.1.3-6 フラクタル次元によるサンプルの比較(グラフ横方向の配列は凡例の番号順による)

書院風茶室とは、その名の通り書院造の形式を受け継いでいる茶室を指す。即ちその意匠は権威を象徴するかのように非常に秩序だった対称形が多く、格式の高い風情を取り込んでいる。一方、草庵茶室とは千利休が生み出した、書院造に対するアンチテーゼとしての形式であり、その意匠にも、ねじれ、ゆがみ、ひずみといったものを積極的に取り入れ、「侘び」た風情を楽しもうとするものである。書院風茶室を指して「綺麗」、草庵茶室を指して「美しい」と表現されるのも、こうした差異を物語るものである。

　さて、こうした背景を踏まえて、今一度図 4.1.3-6 を参照されたい。全体的に草庵茶室のフラクタル次元の測定値は、書院風茶室のそれよりも高い値を示していることがわかる。つまり、草庵茶室は書院風茶室に比べ、その意匠により多くの意外性を取り入れているといえる。また、サンプル①の待庵を称して「草庵茶室の代表」、サンプル⑨の密庵席を称して「書院風茶室の代表」といわれるが、この2つの茶室間の値には、特に明確な差が生じている。フラクタル次元の値が、個々の茶室に施された意匠の特徴をよく表しているといえよう。特筆すべきはもう1カ所、サンプル①の待庵の値が他のそれに比べ最も高い値 ($D = 1.6$) を示している点である。先にも述べたが、茶室において千利休が追究した美の極みともいえるものが、この待庵である。つまり、千利休の目指す美の一端を、この値 ($D = 1.6$) は表しているとはいえないだろうか。時間的、或いは空間的に全く変動がない1つの直線において、フラクタル次元は 1.0 である。この 1.0 という値は、全ての部分において秩序だっていることを指す。その秩序の中に少しずつ意外性をミックスさせることにより、フラクタル次元は 2.0 に近づいていく。そして、その中間の要素を含んだものがブラウン・ノイズであり、ブラウン・ノイズのフラクタル次元は 1.5 の周辺である。この 1.5 という値は、事象内に秩序と無秩序がほぼ等量ずつ含まれている状態を指す。全てが秩序である直線や、全てが驚きであるホワイト・ノイズは、デザイン・ソースとしてはあまり面白いとはいえないが、一事象内に秩序と意外性が同居するとき、俄然面白みが増す。ただ、意匠における調和を考えるならば、両者を如何なるバランスにおいて一事象内に共存させるかが非常に重要な要件であることはいうまでもない。

　そうした意味でも、待庵がもつリズムのフラクタル次元が 1.6 という値は、

利休の目指す美において、秩序と意外性が絶妙のバランスで混じり合った状態を表していると考えられる。というのは、利休が窓や柱の位置を意図的にずらし、時には突出させ、適度に余白(間)を散りばめたこの空間に、現代に生きる人々は今もなお美しさ、面白さを感じるからである。

(5) おわりに

本論では、茶室空間のリズムにおける秩序と意外性の混在の様を、フラクタル次元なる尺度を用いて分析した。その際、得られた結果は主に以下の2つである。

1) 個々の茶室のフラクタル次元の値による分布が、そのまま草庵形式の茶室と書院風形式の茶室の2つのグループに分かれるかたちとなった。
2) 茶室空間のリズムのフラクタル次元は 1.0 より高く 1.4 前後の値を示すものが多く見られ、なかでも千利休の遺構である妙喜庵待庵は、最も高い値($D = 1.6$)を示した。

同結果より、茶室空間には秩序を意図的に崩した、いわゆる意外性の意匠が随所に見られ、待庵には特にこうした部分が多いといえる。なお草庵、書院の両形式間における分布結果の相違も含め、こうした数値による比較を可能にする尺度としての、フラクタル次元の有効性を示すことができたといえよう。また、各サンプルの比較のみならず、リズム内の秩序と無秩序の配分の割合も、フラクタル次元を用いることにより理解可能になるのである。

注)フラクタル次元の測定方法には相似性次元やハウスドルフ次元、スペクトル次元などいくつかの次元測定法があるが[5]、本論では現存する形態の解析に用いられることの多い、容量次元を採用した。

〈新宮・佐藤〉

参考文献
1) P.A. ミヒュリス著、吉田鋼市訳:建築美学、南洋堂出版、1982
2) 佐藤祐介・新宮清志・杉浦巌:フラクタル次元による茶室空間の美の分析、日本ファジィ学会誌 第12巻第5号, pp.696-701, 2000年10月
3) C. ボーヴィル著、三井直樹・三井秀樹共訳:建築とデザインのフラクタル幾何学、鹿島出版会、1997
4) 中村昌生監修:国宝・重文の茶室、世界文化社、1997
5) 高安秀樹:フラクタル、朝倉書店、1986

4.1.4　建築「次世代複雑系データセンター（Integrating Data Center）」のシステム

(1)「建築のデータセンター化／データセンターの建築化」の流れ

　社会のすさまじいほどのデジタル化の流れは、身の回りのものから自動車、建築、そして都市といった様々のレベルにおけるコンピュータの台頭ぶりに顕著である。それは、至便性の追求の一方、人々の生活や思考など、様々な影響の面から語られるようになっても久しい。今や、コンピュータを抜きに、社会、経済、政治のみならず生命や健康等を語ることさえ困難になっている。

　こうした中で、建築は工法や構造、設備といったエンジニアリングの側面のみならず、計画や意匠に到るまでコンピュタライズが進み、建築の様式、いわゆるビルディング・タイプの著しい変革が起こっている[1]。

　図書館、美術館、博物館は言うに及ばず、病院、学校、庁舎、一般オフィスビル、集合住宅、住宅などあらゆるビルディング・タイプに変化が現れてきている。それは、かつてのOA化やインテリジェントビル化などが、もはや色褪せて聞こえるように、大型ドラムが並ぶコンピュータ室は完全に過去のものとなり、各室の配列形式といったプラン構成から空間形に到るまで、変容が進行してきている。

　それは、件のデジタル化対応の必要上、インストールしていくことになる機器に、建築空間が適応していく過程で生まれるといった様相を呈し、建築の空間構成がコンピュータのデータセンターに酷似してきている現象、あるいは、高機能の追求の結果生み出された、無駄を削ぎ落としたかのような印象を与えるミニマリスティックなデータセンターの空間が、過去における単なる無味乾燥なコンピュータの「機械の箱」とは異なる魅力をふりまき始め、時代の空気となじみあった新しい魅力をもった建築を成立させている現象とでも言おうか。

　今、建築は成立のプロセスから、求められる機能、存在意義に到るまで、大きく変わろうとしていると言ってよい。

(2) データセンターの建築モデル

　建築がコンピュータと無縁では成立しなくなったかに見えるほどに、両者が溶け合ってきた現在、コンピュータの世界の進化は建築を考える上で、無視できない一大関心事となってきている。つまり、広義にデジタル環境を考えると、何時の間にか建築に繋がっていくようなイメージすら描けてしまう時代といっ

た認識がそこにはある。そこで、しばしデジタル環境へのまなざしから建築を捉えてみよう。

　私達に身近なデジタル環境は、ドッグイヤーと呼ばれる速さで進化してきている。例えば、80年代まで続いたメインフレームの時代から、90年代前半にかけてのクライアント／サーバー・システムの台頭を経て、90年代後半からは、人々の関心がストレージへと移ってきている。そこには大企業や研究所などの平均総データ量が150 TB（テラバイト）を超えると言われるように、容量の爆発的な増大という背景がある。そこで、デジタル化の流れにおいては、現在ストレージがその主役となってきている。言い換えれば、大いなるシステムの「建築」としてのデータセンターが、デジタル環境を考える上で主要な関心事となっているのである。

　ただし、ここで言うデータセンターとは、これまでの単なる情報の「倉庫」としてのデータセンター(データウェアハウスと呼ばれた)とは趣の異なるもので、Integration（インテグレーション）の理論の一つの応用展開モデルであるSAN（Storage Area Network）の概念をSynergetics（シナジェティックス）理論をベースとしながら展開するシステム・モデルとしてのデータセンターである。

　今ここで、データセンターの先進国であるアメリカに目を向けてみると、メインフレーム主流の80年代まで、データセンターは企業や研究機関の建物内、いわゆるインハウスのデータセンターが常識であった。90年代になって、前述のクライアント／サーバー・システムへの進化とともに、コンピュータのビジネスシーンや生活シーンへの浸透が加速され、データ量の爆発的な増大が起こり、いよいよデータセンターが外に出て行くようになり、データセンターとしての建築が数多く建設され、ビジネスのアウトソーシング化の流れとシンクロしていった。この時期が第一世代と呼ばれ、データセンターはデータの単なる倉庫(アメリカではこれらをデータウェアハウス、あるいはデータ・ホテルなどと呼んでいた)、言い方を変えると、データ・ストレージとしてのサーバーの置場、ないしはサーバーの為の「場所貸し業」の場であった。その後、データセンターの高度利用のニーズに応答するかのように、ハウジング・サービス、ホスティング・サービス、データ・バックアップ、回線接続サービス、サーバー運用サービス、システム・インテグレーティング・サービス等々のサービ

ス・プロバイダー機能をもったデータセンターが登場するようになり、インターネットの普及とも呼応しながら、iDC(インターネット・データセンター)が主流となって現在に到っている。現在を含めたこの時期は第二世代と呼ばれてはいるが、ネット社会の進化とともにインフラとしてのデータセンターに求められる機能の高度化、そして、より社会生活やヒューマンな環境の実態に密接で馴染んだインフラが求められるようになり、今では次世代のデータセンターの登場が期待されるようになってきている。

　我国は、アメリカよりほぼ3～5年程遅れて、こうしたムーブメントが起こっており、現在では、iDCが雨後の筍のように乱立するかの状況に突入していると言ってよい。アメリカと比べて、後発の我国では、こうした乱立状況に対して、研究者、エンジニア、事業者、ベンダー企業、メーカー等々が集まり、欧米と同じく「iDCイニシアティヴ」[※1]という任意団体が組織され、ガイドラインの設定や活発な研究活動により、各iDCの一定水準化やグレードアップ化を策りつつある。

　一方、地震に悩まされる我国では、データセンターに求められる基本的な性能の一つである災害に対する強度について、殊に耐震性に対する対処法に際立って配慮する傾向が見られる。もちろん耐震性は重要な項目に違いはないのだが、他の項目と比して、その過剰なまでの配慮が気になるところである。端的に言うならば、必要条件として真に守らなければならない部分だけに留まらず、(さほど守る要求度の高くない部分まで含めて)建物全体をフルスペックの免震構造で武装し、結果として高コストの建築とさせてしまっている例がほとんどである。これには設計者のデータセンターに対する知識不足が起因している。判らないから一応安全側を採っておこうという安直な思考が介在してはいないか。こうした傾向は、空間計画にも露呈している例が多い。コンピュータ機器に対する知識不足が「大きめに採っておく」という発想を生み出している。無駄としか言いようのないスペース取りの結果、「バカでかい」と揶揄される無味乾燥な箱を登場させているのである。お金が余る時代、つまり投資に余裕がある時代ならまだしも、世界的な経済の低成長の時代の現在から近未来においては、これは明らかに無駄であり、省コスト、省エネルギーの時代に逆行していると言わざるを得まい。

単純に言ってしまうならば、フルスペックの免震構造に依拠しなくとも、必要な個所への部分免震でも対応できることや、活断層を避けることで、より軽微な耐震構造でも可能なこと、PCやサーバー等の機器やキッティング等の知識を学ぶことにより省スペース化が計れることなどを研究すればよいのである。

(※1) ソニーの出井会長を最高顧問に、中央大学の大橋正和教授を会長に組織された。

(3) 研究グループの編成

6年程前、マサチューセッツ工科大学(MIT)を中心にストレージ・コンソリデーションの研究グループを組織した。おりしも建築学部長を務めていたWilliam J. Mitchell(ウィリアム・J・ミッチェル)教授が"City of Bits"[2]を著し、建築や都市の概念の変容を予告していた頃である。その後出された"e‐topia"[3]に到るまで社会インフラの変容が都市形態や生活形態等々を決定付けていくことを、少々楽観的なトーンで論じていた。80年代はじめに私がUCLAで教える機会を得たことから、当時UCLAでディーン(学部長)をしていたW. Mitchellと出会い、今日のMITに到るまで、少なからず影響を受けていた。しかし、アメリカにおいてCADあるいは広くIT全般に渡って「伝導師」たる地歩を固めつつあったW. Mitchellの精力的な活動に畏敬の念を抱く一方で、インターネットの限界説やサイバー・テロ、データ爆発などといった現実風景で起こっている出来事が気になっていた。

一方、MITメディア・ラボがNicholas Negroponte(ニコラス・ネグロポンティ)教授を中心にデジタル・デザインの可能性の地平を拓く方向へとポリシーを転換していく中で、インフラを含めたシステム開発の議論が希薄になりつつあることも気になっていた。

こうした状況の中、より実践的なチームを編成しながら、社会のインフラを形成するデジタル・インフラ、殊にそのシステムのモデル化を目指して、実証実験先行型の研究を勉強会から始めようと考えた（章末の研究グループの活動における参考文献参照）。

だが、データ量の急増、度重なるシステム・ダウンやデータ爆発のニュースが刻々と報じられるのを前に、こうした研究活動は火急を要するものと思われ

た。加えて、すさまじいほどの IT 化の流れの中で、ややもすると建築が置き去りにされるかのような風潮も気にならずにはいられなかった。そもそもコンピュータの発生期の発想段階から震源地としての存在、そして、その発展段階で、アナロジー・モデルであり続けた建築が、その中心的な座から引き摺り下ろされそうになっているかにも思われるこうした事態に、建築家としてじっとしていられなかったというのが本音ではある。

そこで、PC やサーバー等のキッティングから建築の組み立てまで、シームレスな環境を構築することで、オペレーティブにコントロールするシステムの考案を並行させながら、都市、つまり社会のインフラを構成するシステムの開発をターゲットとする活動を開始することにした。

グループの組織は、学際的で実践的であることを旨に、大学や研究機関に留まることのないよう、広範にシステムエンジニア、システムプランナー、ビジネスプランナー、建築家、都市デザイナー、社会学者、文化人類学者、弁護士等々をトグル化しながら編成した。その組織は開放系で誰もが参加できるような自由さを保持し、活動がうねりのような運動体と映れば幸いであろうと考えた。実践的な作業は、企業にいるシステムエンジニアやシステムプランナー、シンクタンクやヴェンチャー・ビジネス事業者からのビジネスプランナーに、私のアトリエと MIT の大学院生、構造／設備のエンジニアが大学のスタジオ（コラボレーション・スタジオ）のやり方に沿ったワークショップを展開しながらすすめている。

(4) 活動とプロジェクト

勉強会は、伝送メディアの調査研究からスタートし、デジタル・インフラが情報の蓄積・加工・編集を担う「工場」としてのデータセンターと伝送メディアによって構成されるとの共通認識に立脚しながら、現況の把握とクリティークを行った。その結果、デジタル化の急速な流れに、ハードのシステムの開発が追いついていない実態が明らかになった。端的に言うならば、インターネットの普及などで、IP 電話や家電のデジタル化などに顕著なように、経済性や至便性追求の中、端末やその周辺機器の開発や進化には目ざましいものがある反面、それを支えるシステム、なかんずく社会システムの根幹に関わるインフラ部分がついていけていないことが判った。ネットの広域化によるシステムダウ

ンやデータ爆発などは、こうした事情によって発生していたのだ。

　伝送メディアについては、ファイバー光学によるメディアとしての、いわゆる光ファイバーが伝送の情報量と速度において圧倒的優位性を保持していることから、ネットワークの要にあたるデータセンターに注目することが、件のデジタル・インフラを構想する上で重要であることが判っていった。

　伝送の容量と速度については、WDM(Wavelength Division Multiplexing：波長分割多重)や、さらに高密度にしたDWDM(Dense Wavelength Division Multiplexing：高密度波長分割多重)の技術が開発され、大容量・超高速の伝送が可能となってきていることは、周知の通りである。そこで私達の関心は、データセンターのシステムへと移っていった。

　データセンターは前述のように、第二世代が主流となってきている。そして、その機能(ITの世界ではサービスと言った方がしっくりいく)の高度化と多機能化が進んではいるが、データセンター相互をどのように連繋させていくか、という点については、未だ発展途上と言わねばならない。

　デジタル・インフラとなっていくためには、構内ネットワークのトポロジーに留まることなく、データセンター相互を繋ぐネットワーク・トポロジーが必要となる。そこで生まれた発想がMAN(Metropolitan Area Network)と呼ばれる広域のリング・トポロジーであるが、概念そのものは、5年以上前のものだが、その実証実験はアメリカ、日本にとどまらず世界中を見渡しても、2000年段階ではなされていなかった。第二世代のDC、いわゆるiDCがまだその時点では、WDMやDWDMを備えた上で、高次化したSAN(Storage Area Network)を組むようなレベルではなく、実験が出来る環境になかったというのが、その理由であった。

　そこで、データセンターのモデル化を目指し、現状のデータセンターの問題点を調査・分析し、デジタル・インフラとして求められる機能の面から、システムのモデル化を考案し、ワークショップ方式で実証実験を行いながら、次世代型のプロトタイプを導き出そうと考えた。

　データセンターは、ごく初期のものは、I/Oチャンネルと呼ばれる通信技術でコンピュータとストレージ機器が一対一で接続されることが一般的な時代であったことから、単純にインハウスのデータセンターがサーバー機器の増設の

要求に、空間的に対応できないことから、データセンター部分が外部に出ていくカタチで登場している。そして必然的な流れとして、機器相互を多対多のネットワーク接続する技術が開発された。この技術がSANであり、これまでのコンピュータ同士を接続するLAN(Local Area Network)やWAN(Wide Area Network)とは別に、コンピュータとストレージ機器を接続できることに、その特長がある。

　SANの概念は、オープン系のシステムでデータ管理を集中化し、信頼性の向上と効率化を図る技術の研究が盛んな米国で、1988年に生まれたものだが、その米国においても2000年時点では、単一システム向けの小規模SAN(ホモジニアスSANと呼ばれるもの)の構築の動きがようやく報告される程度であった。しかもSCSI(Small Computer System Interface)の機能を拡張した程度のメリットが得られただけで、SANの最も大きな特長である「共有環境」におけるメリットを得るレベルではなかった。

　そこで私達の研究グループでは、複数のSANを組み合わせた混在環境によるSAN、つまりヘテロジニアスSANの構築を目指し、ネットワーク・トポロジーの研究を進めていった。

　研究を進めるにあたって、私達が採った方法は、還元主義的アプローチではなく、複雑系科学で用いられる構成的手法と言える。つまり、基本的なモデルの構成から出発し、全体の振舞いを観察するといったルーティンを繰り返していった[4]。そこには、デジタル・インフラが社会(都市)のインフラとなっていく段階では、人間や社会といったノン・リニア(非線形)な存在との適合性が問題となっていくだろう、といった予感が介在していた。

　やがて、SANの基本モデルの設定を行った後、「全体」を構成するデータ・セントリック・システムを構想していった。簡単に言うと、サーバーが他のサーバーやLANなどを介さずに、直接すべてのデータにアクセスすることを可能とするシステムにより、一つのまとまりとしての全体を構成しようとする考え方である。その実証実験の必要に迫られ始めたとき、日本でデータセンター設計の機会に恵まれ、依頼側の深い理解の下、実験的なプロジェクトとさせていただくことが可能となった。

　プロジェクトでは、限定的ではあるが、ヘテロジニアスな環境のSANを組

み、その上で実験的なMAN(図4.1.4-1：MANネットワークの概念図)のデータセントリック・システムを展開し、DWDMを介したトランスミッションとして、2000年末には40 Gbps(ギガバイト)を記録した。この数字は当時NTT計画(10 - 100 Mbps(メガバイト))の400～4000倍超の大容量・超高速として、世界最高水準のものであった。さらに3ヵ月後には、同プロジェクトは100 Gbpsに成功し、2001年4月には供用開始された。その後、世界で初めての次世代複雑系データセンター実現への第一歩としての同プロジェクトは、2001年11月に1 Tbps(テラバイト)という驚異的な数字も記録した。SANを組むにあたり用いられるファイバー・チャンネルの接続方法には、ポイント・トゥ・ポイント接続、ループ接続、カスケード接続等々の様々な形態があり、それぞれに独特の振舞いをするキャラクターがある。そこで異なるアドレス形態や接続形態を吸収する規格などが必要となる為、ファイバー・チャンネルはニューラルネットワークモデル[5]の一つとして知られる多層パーセプトロンをも参照している。それ故、ファイバー・チャンネルは多対多の接続による複雑な振舞いにも応答していると考えられる。このファイバー・チャンネルはI／Oチャンネルでありながら、ネットワーク接続が出来るところに大きな特長があるため、ネットワーク・トポロジーを考察する段階で、シナジェティクスの方法を取り込むことも想定できる。

　そこで、私達の研究グループでは、2000年－2001年の実証実験の成果を踏まえて、いよいよ次世代複雑系データセンター(図4.1.4-2：MAN & Integrating Data Center)の本格的な構築、そしてモデル化に向けて現在、さらなる実証実験と実用化のプロジェクトの準備を行っている。

　現在進行中の作業は、その目標により、次の3つに大別できよう。

① 　PCやサーバー等といったコンピュータ機器のキッティングやシステム設計から建築の設計をシームレスな環境で、つまり一貫したオペレーションで遂行するためのツールとしてITモデュロールの研究・開発。

② 　セグメント毎に構築されるMANリングを束ねる、つまりリング間の相互接続を可能とする一方で、データ・マネジメントにおける負荷分散や多階層モデルを実現する次世代複雑系データセンターの研究・開発。

③ 　複雑系科学の持つ非可逆性を利用したセキュリティ・ゲート機能の研究・

開発。

なお、第一弾の実証実験のモデルは、本稿を書いている現段階で、初期的レベルではあるが、世界で唯一のヘテロジニアス SAN を組んだデータセンター

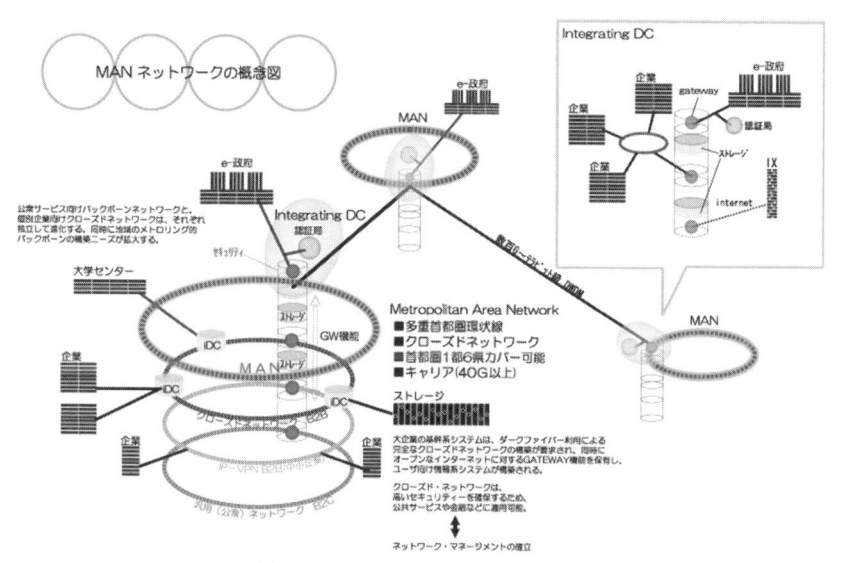

図 4.1.4-1　MAN ネットワークの概念図

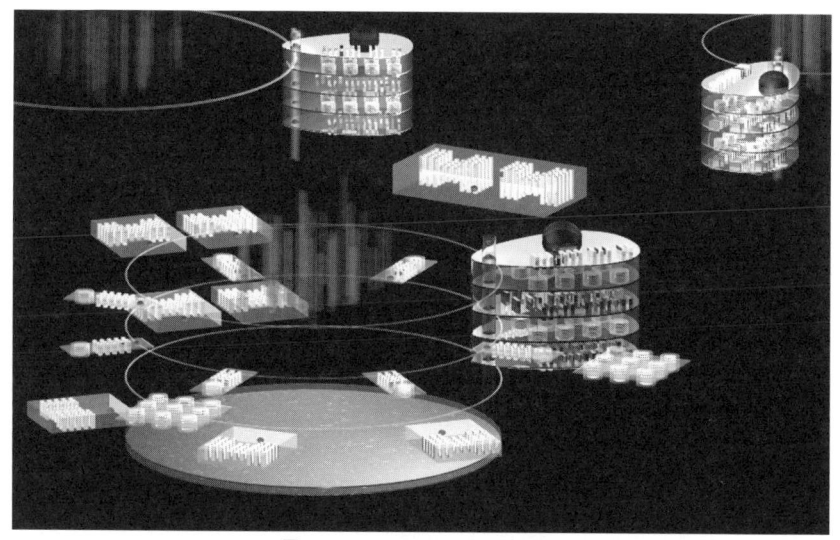

図 4.1.4-2　MAN & Integrating DC

として稼動している(※2)。そして、MANについては現在計画中の第二弾のモデル（本格的なヘテロジニアス環境の構築を目指している）が完成した段階で、本格的な稼動に移行していく予定である。

　第一段階の実証実験では、アドテックス、LUXN、Brocade、富士通、NTT－AT、サン・マイクロシステムズ、Oracle、TTNet、東京エレクトロン、シスコシステムズ、野村総研、ビジネス・ポート・システム(BPS)、ワンビシアーカイブ、iDCイニシアティヴのお世話になった。殊にBPSの港宣也社長には、中心的役割を担っていただいた。そして何と言っても、こうした機会を与えて下さり、実証実験にも深い理解を示し、その実施をご快諾いただいた寺田倉庫の寺田保信社長とBit-Isleの寺田航平社長の存在は大きい。加えて、ワークショップを支えてくれた拙事務所（堀池秀人都市・建築研究所＋堀池秀人アトリエ）の所員達、MITからのインターン生(2名)と大学院生(3名)の協力も忘れることは出来ない。総じて、ここに記すことで、謝意を表させていただきたい。〈堀池〉

(※2) 東京・天王洲にある「Bit-Isleデータセンター」のこと。

参考文献

1) 堀池秀人：建築バイリンガルノート、井上書院、1999
2) William J. Mitchell, "CITY OF BITS", The MIT Press, 1996
3) William J. Mitchell, "e－topia", The MIT Press, 2000
4) A Proceedings Volume in the Santa Fe Institute Studies in the Science of Complexity, Addison Wesley 参照。
5) McCulloch and Pitts, "A Logical Calculus of the Ideas Immanent in Nervous Activity", Bulletin of Mathematical Biophysics 5(1943), Anderson and Rosenfeed, Neurocomputing, MIT Press, 1988

研究グループの活動における参考文献

- Michael Barnsley, "FRACTALS EVERYWHERE", ACADEMIC PRESS, 1988
- 広中平祐編「現代数理科学辞典」大阪書籍、1991
- 西沢清子・関口晃司・吉野邦夫「フラクタルと数の世界」海文堂出版、1989
- 三井秀樹「フラクタル科学入門」日本実業出版、1990
- Per Bak, Kan Chen「大地震や経済恐慌を説明する自己組織的臨界状態理論」『別冊日経サイエンス 複雑系がひらく世界』山口昌哉・木阪正史訳、合原一幸編　日経サイエンス社、1997
- 高安秀樹「フラクタル」朝倉書店、1986
- 武者利満「ゆらぎの世界　自然界の1／fゆらぎの不思議」講談社、1980
- Per Bak, "how nature works", Springer-Verlag New York, Inc., 1996

- Armin Bunde, Shlomo Havlin, "Fractals in Science", Springer-Verlag, 1994
- Johnston A.C., and S. J. Nava, "Recurrence Rates and Probability Distribution Estimates for the New Madrid Seismic Zone", J.Geophs.Res.B90, 1985
- Grumbacher S. K. at el., "Self-Organized Criticality : An Experiment with Sand Piles", Am.J.Phys.61, 1993
- J. グリック「カオス」大貫昌子訳 新潮社、1992
- 合原一幸「カオス」講談社、1993
- 合原一幸「カオスの数理と技術」放送大学教育振興会、1997
- 金子邦彦・津田一郎「複雑系のカオス的シナリオ」朝倉書店、1996
- E. N. ローレンツ「ローレンツ カオスのエッセンス」杉本勝・杉本智子訳 共立出版、1997
- 芹沢浩「カオスの現象学」東京図書、1993
- Stephen Wolfram, "Cellular Automata and Complexity : Collected Papers", Addison-Wesley, 1994
- Dave Olson, "Exploiting Chaos : Cashing in on the Realities of Software Development", Van Nostrand Reinhold, 1993
- Buckminster Fuller and Robert W. Marks, "The Dymaxion World of Buckminster Fuller", Anchor Books N.Y., 1973
- 「シナジェティック・サーカス——バックミンスター・フラーの直観の海」P3 オルタナティブ、ミュージアム東京、1989
- マーティン・ポリー「バックミンスター・フラー」渡辺武信・相田武文訳 鹿島出版会、1994
- ベンワー・マンデルブロ「フラクタル幾何学」広中平祐監訳 日経サイエンス社、1985
- 宇野重広「フラクタル世界——入門・複素力学系」日本評論社、1987
- クリフォード・A・ピックオーバー「コンピュータ・カオス・フラクタル——見えない世界のグラフィックス」高橋時市郎・内藤昭三訳、白揚社、1993
- H. O. パイトゲン、D・ザウペ編「フラクタルイメージ——理論とプログラミング」山口昌哉監訳 シュプリンガー・フェアラーク東京、1990
- アンリ・ベルクソン「創造的進化」真方敬道訳 岩波文庫、1979
- G・ニコリヌ、エ・プリゴジーヌ「散逸構造——自己秩序形成の物理学的基礎」小畠陽之助・相沢洋二訳 岩波書店、1980
- ヘルマン・ハーケン「自然の造形と社会の秩序」高木隆司訳 東海大学出版会、1985
- 河本英夫「オートポイエーシス——第三世代システム」青土社、1995
- ルーディ・ラッカー「ルーディ・ラッカーの人工生命研究室 on Windows」日暮雅道・山田和子訳 アスキー出版局、1996
- イリヤ・プリゴジン+イザベル・スタンジェール「混沌からの秩序」伏見康浩・伏見譲・松枝秀明訳 みすず書房、1987
- ウンベルト・マトゥラーナ+フランシスコ・バレーラ「知恵の樹」管啓次郎訳 朝日出版社、1987
- H. R. マトゥラーナ、F. J. ヴァレラ「オートポイエーシス——生命システムとはなにか」河本英夫訳 国文社、1991
- ジョン・L・キャスティ「複雑性とパラドックス」佐々木光俊訳 白揚社、1996
- Chris G. Langton, "COMPUTATION AT THE EDGE OF CHAOS : PHASE TRANSITIONS AND EMERGENT COMPUTATION", Physica D42, 12-37, Elsevier Science, 1990
- Wentian LI, Norman H. Packard, and Chris G. Langton, "TRANSITION PHENOMENA IN CELLULAR AUTOMATA RULE SPACE", Phisica D45, 77-94, Elsevier Science, 1990
- スティーブ・J・ハイムズ「フォン・ノイマンとウィーナー」高井信勝監訳 工学社、1985
- スティーブン・レビー「人工生命」服部桂訳 朝日新聞社、1996
- Murray Gell-Mann, "Complex Adaptive Systems", G.Cowan, D. Pines and D. Meltzer (Eds.) Complexity : Metaphors, Models, and Reality, SFI Studies in the Sciences of Complexity, Proc. Vol.XIX, Addison-Wesley, 1994
- John H. Holland, "Hidden Order", Addison-Wesley, 1995

- J. Doyne FARMER, "A ROSETTA STONE FOR CONNECTIONISM", Physica D42, 1990
- 伊庭斉志「遺伝的アルゴリズムの基礎」オーム社、1994
- 松原謙一・中村桂子「ゲノムを読む」紀伊国屋書店、1996
- リチャード・ドーキンス「利己的な遺伝子」日高敏隆他訳　紀伊国屋書店、1991
- Stuart A. Kauffman, "AT HOME IN THE UNIVERSE", Oxford University Press, 1995
- John H. Holland, "Adaptation in Natural and Artificial Systems", MIT Press, 1992
- Stuart A. Kauffman, "The Origins of Order", Oxford University Press, 1995
- Stuart A. Kauffman, "Wispers Form Carnot : The Origins of Order and Principles of Adaptation in Complex Nonequilibrium Systems", G. Cowan, D. Pines, D. Meltzer(Eds.), Complexity : Metaphors, Models, and Reality, SFI Studies in the Science of Complexity, Proc. Vol.XIX, Addison-Wesley, 1994
- 石井威望＋三雲謙「シナジェティク・ヴィジョン」NTT出版、1995
- 『科学10大理論「進化論争」特集』学研ムック、1997
- M・ミンスキー、S・パパート「パーセプトロン」中野馨・阪口豊訳　パーソナルメディア、1993（改訂版）
- T・コホネン「自己組織化と連想記憶」中谷和夫監訳　シュプリンガー・フェアラーク東京、1993
- 武藤佳恭「ニューラルネットワーク」産業図書、1996
- 武藤佳恭「ニューラルコンピューティング」コロナ社、1996
- P. W. Anderson, K. Arrow, and D. Pines (Eds.), "The Economy as an Evolving Complex System, SFI Studies in the Science of Complexity, Vol.V", Addison-Wesley, 1988
- ポール・クルーグマン「自己組織化の経済学」東洋経済新聞社、1997
- R. G. Palmer, W. Brian Arthur, John H. Holland, Blake LeBaron, Paul Tayler, "Artificial economic life : a simple model of a stockmarket", Phisica D75, 1994
- 金子邦彦・郡司ペギオー幸夫・高木由臣「生命システム」青土社、1997
- 池上高志「進化と創造的エラー」『科学』64、1994
- Christopher G. Langton, "Artificial Life", Artificial Life, SFI Studies in the Sciences of Complexity(Eds.), Christopher G. Langton, Addison-Wesley Publishing Company, 1988
- 池上高志「生命＝言語における構成論的アプローチ」『現代思想』1996-11　青土社、1996
- C. G. Langton (Eds.) "Artificial Life : An Overview", MIT Press, 1995
- R. A. Brooks, P. Maes (Eds.), "Artificial Life IV", MIT Press, 1994
- 津田一郎「カオス的脳観」サイエンス社、1990
- 津田一郎「脳の解釈学」『解釈の冒険』清水博他　NTT出版、1988
- 合原一幸(編著)「ニューロ・ファジィ・カオス」オーム社、1993
- 松野孝一郎『プロトバイオロジー』東京図書、1991
- 松野孝一郎「内からの眺め」『内部観測』青土社、1997
- C. G. Langton(Eds.), "Artificial Life : Proceeding of an Interdisciplinary Workshop on the Synthesis and Simulation of Living Systems", Addison-Wesley, 1989
- 清水博「生命と場所」NTT出版、1992
- 山口昌哉「カオスとフラクタル」講談社、1986
- ジョン・ブリッグズ「フラクタルな世界　科学と芸術にみる新しい美学」松下貢監訳、深川洋一訳　丸善、1995
- 『科学「大仮説」』学研ムック、1998
- John Frazer, "An Evolutional Architecture", AA, 1994
- 上田完次他「人工生命の方法」工学調査会、1995
- Christopher G. Langton, "Artificial Life", Addison-Wesley, 1989
- D. E. Goldberg, "Genetic Algorithms in Search, Optimization & Machine Learning", Addison-Wesley, 1989
- 三嶋博之「アフォーダンス：「制御」から「接触」へ」『現代思想』1997.2

・佐々木正人・松野孝一郎・三嶋博之「アフォーダンス」青土社、1997
・ハーバード・A・サイモン「システムの科学」第3版　稲葉元吉・吉原英樹訳　パーソナルメディア、2001
・臼田昭司・東野勝浩・井上祥史・伊藤敏・葭谷安正共著「カオスとフラクタル◎EXCELで体験」オーム社、2001

4.2 都市

4.2.1 セル・オートマトンを適用した宅地再配置によるコンパクト・シティ
(1) はじめに

　地球生態系の保全と共生、省エネルギーによる地球温暖化の防止、交通の効率性などの点から、都市のコンパクト化が模索されている[1),2),3)]。

　この課題を都市形態から見ると、都市の緑地を少なくし高密度に宅地を凝集させれば都市はコンパクトになる。そして、それによって、交通の効率性が高まる。しかし、人口や建物の過密化、ヒートアイランド現象等の問題が生じる。そして、その緩和のために、都市内に緑地を十分にとると、都市は広く拡散することになる。この相反する問題に折り合い点を見いだすことが重要な課題となる。

　この項では、都市形態的側面について、コンパクト化の生成を検討する。具体的には、セル・オートマトンを適用して、宅地の再配置によるコンパクト化の形成をシミュレーションし、その特徴を考察する。

　セル・オートマトンを適用した都市生成シミュレーションに関する既往研究としては次の事例がある。滝澤らは[4)]、住居地域、業務地域、商業地域の3種類の土地利用を設定し、経済学的モデルを用いて、それらの土地利用の形成をシミュレーションしている。渡辺らは[5)]、市街化の要因をパラメータに設定し、市街化の成長形態をシミュレーションし、実在都市の市街化と比較している。朝山は[6)]、実在の都市を対象にして、その実際の人口増加に基づき商業地化量を推測し、商業地域の成長形態を予測している。以上の研究のうち、滝澤らの研究は、都市成長の理論的・シミュレーションが目的である。また、渡辺ら、朝山の研究は実在の都市形態の予測が研究の目的である。そして、予測精度を向上させるために、セル・オートマトンの最も特徴である当該セルの変化は、それ自身とその近傍セルの状態のみで決まるという条件のほかに、鉄道駅からの距離や幹線道路との関係や人口推移などの条件を取り入れている。

　以上のように既往研究の主眼は都市の成長を仮定し、その成長形態を予測するところにある。それに対し、本稿では都市の成長予測という観点ではなく、

都市の規模、本稿では宅地(住居地、商業・業務地、工業地の総称)の総面積を変えずに、その再配置によるコンパクト化をシミュレーションする。

なお、本稿の構成は次の通りである。以下の(2)でシミュレーションの条件設定を述べ、(3)でシミュレーション結果と分析を示し、(4)で考察とまとめを行う。

(2) シミュレーションの条件設定
①シミュレーション対象領域の形態とサイズ

シミュレーションの対象領域を、1辺50セルで構成された正方形グリッドとした。

従ってセル総数は 50 × 50 = 2500 セルである。このサイズは、予備シミュレーションにより、形態形成の特徴が把握できる範囲で決定した。
②セルの種類

本稿はモデル的検討であるため、土地の種類を単純化し、宅地と緑地の2種類とした。そして、宅地を再配置によって移動するセルとし、緑地は宅地でないセルとした。つまり、宅地はエージェントとして振る舞い図となり、緑地はエージェントではなく地となる。
③宅地率と緑地率

宅地エージェント(以下宅地とする)の近傍のサイズによる集合形態の影響を見るため、宅地率は比較的低い20％とした。従って緑地率は80％となる。
④宅地の集合方法

任意の宅地について、それを中心にした一定近傍内(後述)にある宅地の数を、その宅地の宅地保持量とする。いま、ある宅地Aの宅地保持量(A)よりもその近傍内にある別の宅地Bの宅地保持量(B)の方が多い場合、宅地Aは宅地Bに隣接している緑地と入れ替わる。隣接する緑地がなかった場合は宅地Aはそのままとする。そして次に別の宅地Aをランダムに選定して同様の操作を行う。

なお、近傍が全体領域の外にはみ出る部分は計算外とする。
⑤集合の制約種類

宅地の集合の仕方について、次の3種類を設定した。

1．緑地を取らず宅地が隙間なく集合する場合
2．宅地のムーア近傍に少なくとも1セルの緑地を確保する場合
　なお、ムーア近傍とは、あるセルに直接隣接して周囲を取り囲む8つのセルをさす(図4.2.1-1)。
3．宅地のノイマン近傍に少なくとも1セルの緑地を確保する場合
　なお、ノイマン近傍とは、あるセルに辺を介して直接隣接する4つのセルををさし、斜めの隣接は含まない(図4.2.1-1)。

ムーア近傍　　　　ノイマン近傍

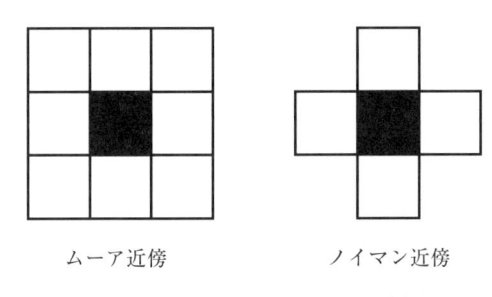

図4.2.1-1　ムーア近傍とノイマン近傍

⑥近傍サイズ
　セル・オートマトンでは、近傍のサイズがエージェントの挙動に影響すると考えられる。本稿では、近傍サイズを次の5種類とした(図4.2.1-2)。
　1.第1ムーア近傍、2.第2ムーア近傍、3.第3ムーア近傍、4.第5ムーア近傍、

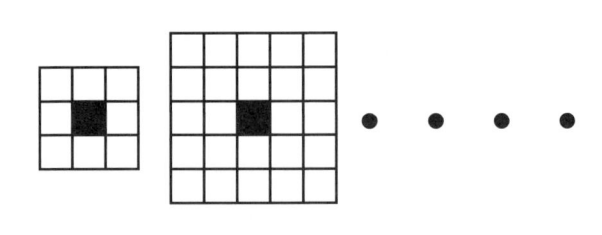

第1ムーア近傍　　第2ムーア近傍　　　　　　第nムーア近傍

図4.2.1-2　ムーア近傍のサイズ

5. 第 10 ムーア近傍

第 1 ムーア近傍は最小近傍であり、全領域の約 0.4％を覆う。

第 2 ムーア近傍は、全領域の丁度 1％を覆う。

第 3 ムーア近傍は、全領域の丁度 2％を覆う。

第 5 ムーア近傍は、全領域の約 5％を覆う。

第 10 ムーア近傍は、全領域の約 18％を覆う。

⑦初期状態

宅地を乱数によりランダム配置した。

⑧計算の終了条件

反復計算を行い、次のいずれかの条件になった場合、計算を終了した。

・移動できる宅地が無くなった場合

・2 周期以下の反復移動が 10 回以上続いた場合

・反復計算が 100 回に達した場合

(3) シミュレーション結果と分析

宅地の集合形態の結果と分析について次の 2 側面で行った。

1 つは、集合形態の特徴であり、もう 1 つは、宅地の圧力度である。

①集合形態の特徴

宅地の 3 種類の集合の仕方について、

1．宅地のムーア近傍に緑地を取らず宅地が隙間なく集合する場合、これを稠密タイプと呼ぶこととする。

2．宅地のムーア近傍に少なくとも 1 セルの緑地を確保する場合、これをムーアタイプと呼ぶこととする。

3．宅地のノイマン近傍に少なくとも 1 セルの緑地を確保する場合、これをノイマンタイプと呼ぶこととする。

計算終了時の宅地の集合形態を下図に示す。

稠密タイプ、ムーアタイプ、ノイマンタイプの 3 種類とも類似の集合形態の変化を示しており、近傍サイズの影響が大きい。つまり、第 1 ムーア近傍ではほとんど初期配置のランダムのままである。第 2 ムーア近傍から宅地のクラスター化が始まり、第 10 ムーア近傍では 1 つのクラスターを形成するにいたる。

全体領域に対する近傍サイズの面積比率で見ると、第1ムーア近傍が占める約0.4％ではクラスター化への宅地の動きはなく、少なくても第2ムーア近傍が占める約1％になればクラスター化が起こり、近傍サイズに応じたクラスターの大きさと分布をする。そして、少なくとも第10ムーア近傍が占める約18％になれば、1つのクラスターを形成する。

集合タイプ＼近傍	第1近傍	第2近傍	第3近傍	第5近傍	第10近傍
稠密タイプ					
ムーアタイプ					
ノイマンタイプ					

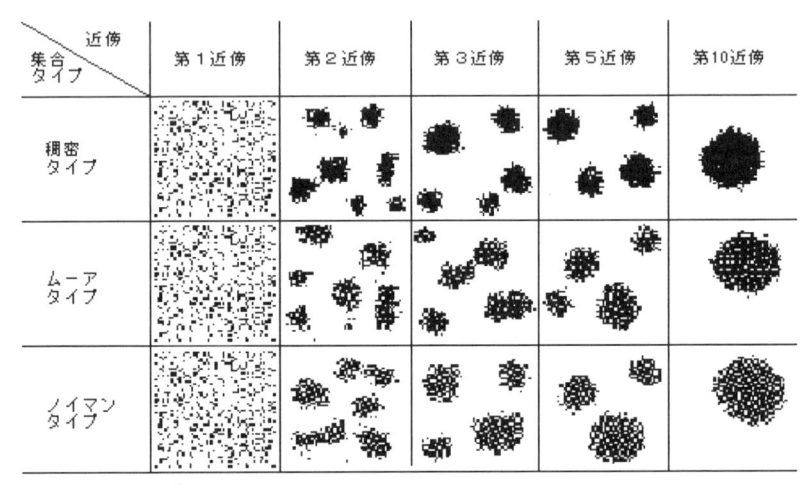

図 4.2.1-3　宅地の集合形態

②宅地の圧力度

　ある宅地の周囲に宅地が多いと宅地圧力度が強く、緑地があるとそれが低減すると仮定する。そして、宅地の圧力度Pを次のように定義する。

$$P = m / r^\alpha \tag{1}$$

ここで、
　P：ある宅地が他のセルから受ける圧力度
　m：他のセルの圧力荷重
　r：宅地とセルとの距離
　α：距離指数

　パラメータ値を具体的には次のように設定した。
・宅地の圧力荷重 m を＋1.0、緑地を－1.0とした。

複雑系の研究

・宅地とセルの距離 r をそれぞれの中心点間のユークリッド距離とした。
・距離指数 α を 1.0 とした。
・圧力度の及ぶ範囲を宅地の設定近傍に同じとした。

そして、圧力度を次のように 11 段階に分類し、グレード毎に色分けして示したものと、集合化の種類毎に宅地の構成率を示したグラフが下図である。

グレード＋5： 　　圧力度＞18.0
グレード＋4： 18.0 ≧圧力度＞14.0
グレード＋3： 14.0 ≧圧力度＞10.0
グレード＋2： 10.0 ≧圧力度＞6.0
グレード＋1： 6.0 ≧圧力度＞2.0
グレード　0： 2.0 ≧圧力度＞－2.0
グレード－1：－2.0 ≧圧力度＞－6.0
グレード－2：－6.0 ≧圧力度＞－10.0
グレード－3：－10.0 ≧圧力度＞－14.0
グレード－4：－14.0 ≧圧力度＞－18.0
グレード－5：－18.0 ≧圧力度

グラフを見ると稠密タイプ、ムーアタイプ。ノイマンタイプとも類似の傾向を示していることが分かる。すなわち、第1近傍ではグレード－1の宅地が突出して多く、多くの宅地が緑地に囲まれていることが分かる。そして、近傍サイズが大きくなるに従い、圧力度の高い宅地が増えていく。特に第10近傍で

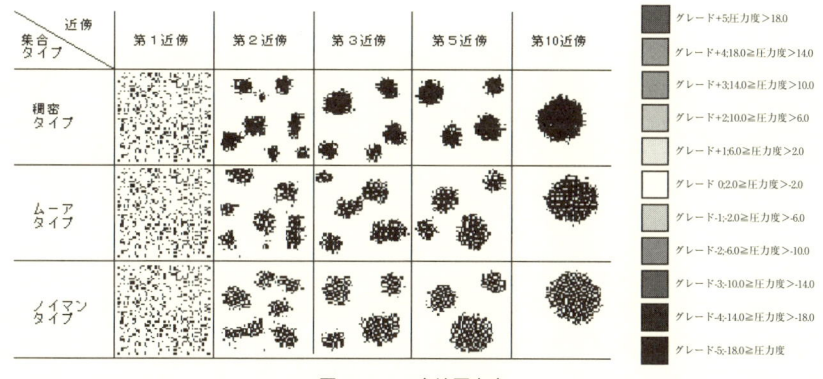

図 4.2.1-4　宅地圧力度

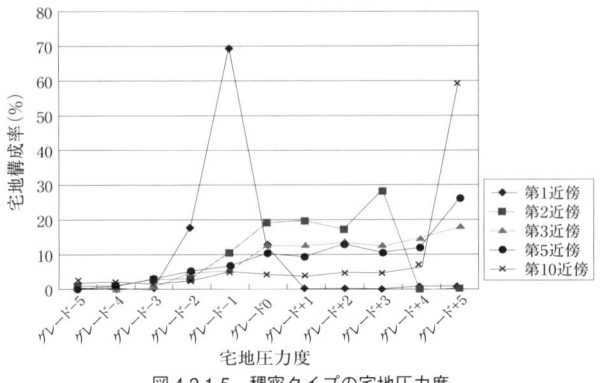

図 4.2.1-5 稠密タイプの宅地圧力度

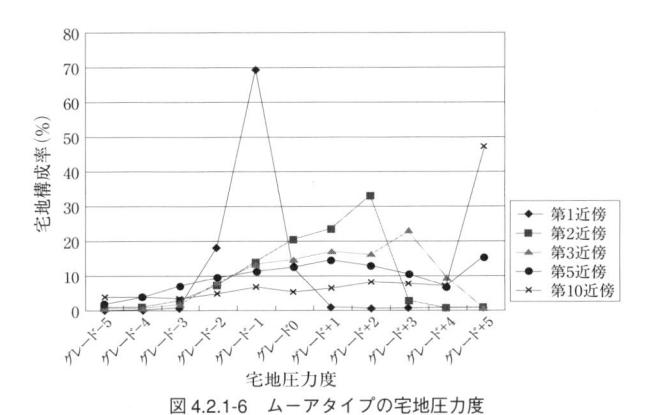

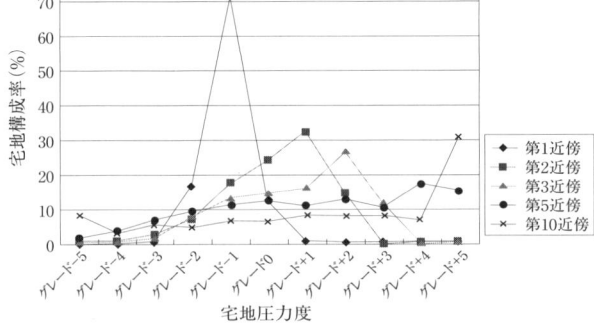

図 4.2.1-6 ムーアタイプの宅地圧力度

図 4.2.1-7 ノイマンタイプの宅地圧力度

はグレード＋5が突出して多い。しかし、集合化の種類によって、グレード＋5の宅地構成率は異なり、稠密タイプでは約60％、ムーアタイプでは約47％、ノイマンタイプでは約32％であることから、近傍に緑地をとるような制約があると、高い宅地圧力をもつ宅地が少なくなることが分かる。

(4) 考察とまとめ

　本稿は、コンパクト・シティ形成問題を検討するための1つとして、宅地と緑地だけで成り立つ仮想の都市を設定し、セル・オートマトンを利用した宅地集合化シミュレーションを行い、その集合形態の特性を検討した。

　宅地をエージェントとし、その集合方法を3種類設定し、宅地率を20％とし、ランダム配置を初期分布とした。宅地率を一定にしているので、宅地再配置モデルであって宅地成長モデルではない。また、宅地の圧力度を定義し宅地の圧力度の分布を求めた。

　以上の結果、次のことが明らかになった。
①稠密タイプ、ムーアタイプ、ノイマンタイプの3種類とも類似の集合形態の変化を示し、近傍サイズの影響が大きい。
②宅地の圧力度についても、3種類が類似の傾向を示すが、高い圧力度をもつ宅地の構成率は、稠密タイプ、ムーアタイプ、ノイマンタイプの順に少なくなる。

　本稿では、都市の集合形態の評価の1つとして、宅地の圧力度を指標として提案した。この圧力度は、その宅地周辺の建物による閉塞度、建物の混み具合とも関係する。従って、この圧力度は、周辺にある建物の容積、廃熱量や交通量とも関係すると考えられる。

　今後の課題として、それらの指標との関係を分析することと、圧力度の算定変数の妥当性を検討することが残されている。また、コンパクト・シティの評価については、宅地間の総移動距離、都市領域と見なされる面積などを考慮した総合評価の検討が必要である。

　本稿は宅地量を一定にした場合の最適な形態形成モデルであり、現実の形態形成メカニズムに基づくモデルではない。しかし、このモデルは他の事象にも適用できる。例えば、広い広場に分布する人間を想定し、人間が集団を形成し

ていく段階について、1人の人間が1回で移動できる範囲に限界（近傍）があるとすれば、人間の集団形成についてのメカニズムモデルとして適用できる。

〈奥〉

参考文献
1) M. Jenks, E. Burton and K.Williams, The Compact City, A Sustainable Urban Form?, E & FN Spon, London, 1996
2) Hildebrand Frey, Designing the City, Spon Press,1999
3) 海道清信、コンパクトシティ、学芸出版社、2001
4) 滝澤重志、河村廣、谷明勲、セルオートマトンを用いた都市の土地利用パターンの形成―相互作用とパターン関係について―、第20回情報・システム・利用・技術シンポジウム論文集、日本建築学会・情報システム技術委員会、pp.421-426、1997
5) 渡辺公次郎、大貝彰、五十嵐誠。セルラーオートマタを用いた市街地形態変化のモデル開発、日本建築学会計画系論文集、no.533、pp.105-112、2000
6) 朝山秀一、土地利用現況図に基づく港区の商業用地の成長解析―複雑系的アルゴリズムに基づく都市の成長シミュレーション（その1）―日本建築学会大会学術講演梗概集 A-2、pp.551-552、2002

4.2.2 都市づくり・まちづくりと複雑系モデリング

(1) はじめに

本稿では、コンピュータシミュレーションを通じて都市・社会システムの現象説明を考えるという、構成的アプローチの立場より、複雑系研究で扱われるモデリングの意図ならびにその実際の解説を試みる。さらに、研究者たちが着目している概念をいくつか紹介してゆく。なお、ここで言うモデリングとは、問題現象とモデルとのあいだを往還する、広い意味での研究活動を指している。

特に、本稿においては、都市・社会システムのマクロ現象を、その都市・社会システムの要素としての人々（主体、エージェント）のミクロ行為との関連構造で説明づけようとする、ミクロ・マクロ連関のエージェントベース社会システムシミュレーション（ABSS：Agent-Based Social Simulation）を、話題の中心に置いた。

ABSSでは、都市・社会システムを成立させる要素である人々が、エージェントと呼ばれる自律的な意志決定の単位として扱われる。シミュレーションでは、設けられた構造制約の下で、多数のエージェントによる相互作用を計算する。その結果、エージェント集団に生じたマクロ現象がいわば社会や都市の現

象であるとみなされる。ミクロ・マクロ連関のABSSとは、この因果構造を明示した一種の推論ツールであると言うことができる。

　また、本稿では、都市づくり・まちづくりにとって身近な話題を取り上げ、複雑系モデリングと都市づくり・まちづくり研究や実践とのあいだの接点を探ってゆきたい。

(2) 複雑系モデリングとはなにか？――群集流動のエージェントシミュレーション

ａ．構成的アプローチ――複雑系モデリングにおける推論形式

　構成的アプローチ(analysis by synthesis, constructive approach)とは、対象システムの性質を明らかにする探索法のひとつである。このアプローチでは、性質について未知なところがある対象システムを検討際に、より単純でかつ性質の明らかな部分システムどうしを組み合わせて、対象システムのモデルを構成しながら、そのモデルの持つ性質の検討や両者の比較検討を通じて、対象システムの性質についての手がかりを得ようとする。

　このアプローチの特徴を、単純化して述べると次のようになる。モデルが対象システムと同じ振る舞いをしたからといって、ただちにモデルが妥当であるとは言い切れない。異なる部分システムの組み合わせによっても、同じ振る舞いが実現できるかも知れないからである。一方、モデルが対象システムと異なる挙動を示したとき、このときはモデルは対象システムを説明していないと言える。その意味で、構成的アプローチそのものは、論証形式としては決して強いものではない。

　しかしながら、複雑系モデリングでは、この構成的アプローチを、演繹、帰納に次ぐ推論形式として多用する。ここでは、この構成的アプローチの実際を、群集流動シミュレーションの試みを通じて、説明してみたい。

ｂ．複雑系としての群集流動

　数寄屋橋の横断歩道をビルの上から見下ろしてみる。信号が青になるとき、両側から群集が一斉に道路に動きだす。そのうち、対向する流れが触れあうスリリングな瞬間があったかと思うと、細かい流れが互いに入り込んでいるのが見えてくる。じきに、信号が点滅を始め、小走りのひとがその流れをかき消し

てしまう。

　都会の人々は、ひと込みのなかを泳ぐのが上手だと言われる。ひと込みのなかで、向かってくるひとびとを見ると、どこか景色をみているような眼をしている。どこか一ヶ所に注目するのではなく、視野にある「流れ」を読むようなパタン認識の眼である。

　ひと込みのなかを泳ぐとき、考え込んではいられない。パタン認識といったものが、歩行者の動作を規定している要因——ミクロ動因(micromotive)——のひとつとなっている。

　対向する2つの群集流が交わるとき、互い違いに細い流れが生じることは、層化現象と呼ばれる。建築設計資料集成に、この横断歩道における層化現象の有名な観測事例が載っている。ここでは、この群集流の層化現象を、エージェント個々のパタン認識とミクロ動因により説明づける、シミュレーションモデルをつくってみることにする。

c．群集流動モデリングの実際
①エージェントシミュレーションを試みる

　某日、研究室。群集流動モデルを作成している卒論生のY君が、設計資料集成のなかのある頁を開いて、考え込んでいる。その頁には、群集密度別にひとびとの歩行速度など歩行特性が整理してある表(表4.2.2-1参照)、それから、先ほどの層化現象の図。ほかには、自他の位置関係から回避ベクトルを示すポテンシャル図などが載っている。

　用いるシミュレーションソフトウエアは、MAS(Multi Agent Simulator)[1]である。このソフトウエアでは、エージェントシミュレーションを実行するにあたって、モデルを表現・記述する形式として、セルオートマトン(cellular automata)を拡張したシステム表現を用いるものである。

　ここで、セルオートマトンについて説明を加えておく。セルオートマトンとは、①世界をセル(cell)と呼ぶマス目の集まりとして表現し、セルの状態の集まりをもって世界状態ととみなすとともに、②「あるセルの(自他を含む)周囲の状態がかくかくのとき、そのセルの状態をしかじかに変更する」と記された推移ルールを用意しておき、③計算の際には、各期、すべてのセルに対して同時

[1] ㈱構造計画研究所

表 4.2.2-1　群集密度別歩行速度とその状態(1)改編

	群集密度 (人/㎡)	歩行速度 (m/s)	交通量	速度選択	衝突	追い越し
高密歩行	2.0 〜 5.0	0.4 以下	不定ほとんど停止直前	不可	身体の接触は不可避	不可
	1.4 〜 2.0		圧力のかかった状態で最大交通量達成	不可　周囲とほとんど同じ	身体接触は起こる。衝突は不可避不可	不可
低密歩行	1.0 〜 1.4	0.4 〜 0.7	緩やかな状態で最大交通量達成	現実には不可	同上	不可
	0.7 〜 1.0		最大交通量の65％〜80％	制約を受け、絶えず歩調を調節する必要有り	不可避	きわめてまれに接触なしで可能
	0.6 〜 0.7		最大交通量の56％〜70％	遅い歩行者以外は制約を受ける	確率高し	同上
	0.4 〜 0.6	0.7 〜 1.0	最大交通量の約50％	制約を受けることもある	同上	急激な回転動作を伴えば可能
	0.3 〜 0.4		最大交通量の約33％	制約を受けることがたまにある	約50％の確率	可能であるが制約はある
	0.3 以下	1.0 〜 1.3	最大交通量の20％以下	制約なし	回避動作は必要	自由だが回避動作も必要

にこの推移ルールを適用することによって、次期の世界状態を算出する。そして、この③の繰り返しによりシミュレーションを行うものである。

このソフトウエアでは、我々は、エージェントモデルを、以下のように記述する。(1)エージェントの空間的位置を離散的に表わす。(2)すべてのエージェントは、周囲のエージェントとの相対的な位置関係や世界状態に対応して、次期の位置を与える一組の行動ルールを持つ。(3)行動ルールが複数あって競合するときには、与えられた適用順位に従って適用する。ただし、(4)行動ルールを適用するエージェントの順序はランダムとする。

ソフトウェアは、この記述に基づいて多数のエージェントの動作を計算する。

ここで、エージェントの行動ルールとは、前述のミクロ動因にあたるものである。そして、これら行動ルールを適用するエージェントどうしの相互行為の結果として、世界状態が変化する。ここで、個々のエージェントの動作をミクロ行為、あるパタンを有する世界状態をマクロ現象としよう。すると、このシミュレーションは、ミクロ行為の集積から着目しているマクロ現象が生じるか否かを導くことができる。

さて、Y君の作成したモデルとシミュレーション結果の概要を紹介しよう。
②作成した群集流動エージェントモデル

Y君が行ったモデル設計作業のうち重要な点は、離散近似における空間・時間のスケーリング、ならびにエージェント行動ルールである。

(a) スケーリング：歩行空間は正方形のセルによって形成されるものとし、一辺の長さを45 cmとする。ひとつのセルにエージェントは一人しか存在し得ない。1ステップで0.5秒を表す。ステップ内では乱数で行動するエージェントの順序を求め、全てのエージェントが行動を決定したときにそのステップが終わる。

(b) エージェント行動ルール：5種類、計18個のエージェントの行動ルールを設けた。その5種類のルール群には図中で示すような適用順序を与えた。なお(5)「流れ読み」ルールについては斜線の領域にいる他のエージェントの方向を集計し、差の絶対値をしきい値として追従、回避を決めることとした(図4.2.2-1、図4.2.2-2)。

```
適用順序 1  ①基本行動ルール(ルール7個)
        他の歩行者と重なり合わないようにする
        群集密度に応じて速度を決定
              ⇩
適用順序 2  ②他個人減速ルール(ルール3個)
        低密度歩行の場合、前後の歩行者との距離をとる
              ⇩
適用順序 3  ③他個人回避ルール(ルール4個)
        低密度歩行の場合、左右の歩行者との距離をとる
              ⇩
適用順序 4  ④高密歩行ルール(ルール3個)
        高密歩行の場合、人々は左右の間隔を減らすよりも
        前後の間隔を減らしていく
              ⇩
適用順序 5  ⑤「流れ読み」ルール(ルール1個)
        進行方向右領域をみて、追従、回避を決める
```

図4.2.2-1　エージェントの行動ルール順序 [2]

③シミュレーションの実施と考察

　横断歩道のモデルとして、幅14 m、長さ18 mの歩行空間を設け、群集流動シミュレーションを行った。ここで、両側からの流入係数を26人/m・分と設定する。これは、低密度流動を想定している。シミュレーション開始後、最大歩行者密度が約1.2人/m^2まで上昇したのち、約1.0人/m^2で定常状態に移った。開始直後、エージェントは互いに相手を意識し、衝突をさけるように避けあい始める。それに続くエージェントは、先を進むエージェントに追従した

複雑系の研究

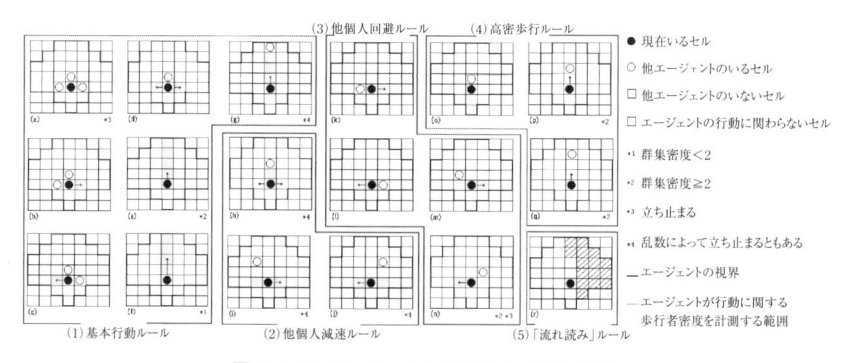

図 4.2.2-2　エージェントの行動ルールの一覧[2)]

行動をとるようになり、次第に同方向のエージェントがグループ化し対向流が生じる。密度が増えるに従って対向流の厚さが鋭くなり、帯状の層をいくつか形成するようになる。層化現象が起こり始めると、対向者との衝突が減少するために、群集流動はスムーズに流れるようになり、定常状態に落ち着く（図4.2.2-3）。

この場合、数寄屋橋の横断歩道を対象とした加藤らの研究[3)]でも同じような層化現象が観測されることから、このシミュレーションにおけるエージェントの低密域での行動ルールが実際の群集流動を模倣することを確認できた、とY君は結論づける。

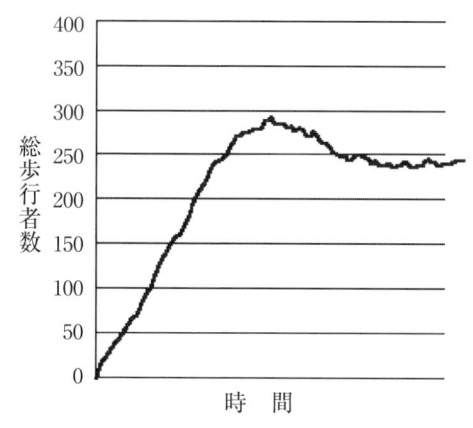

図 4.2.2-3　群集流動シミュレーションにおける歩行者数の推移[2)]

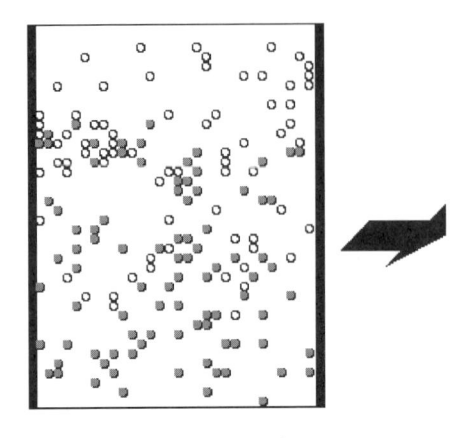

衝突を避けるためによけあう

後続者が同方向のエージェントに追従

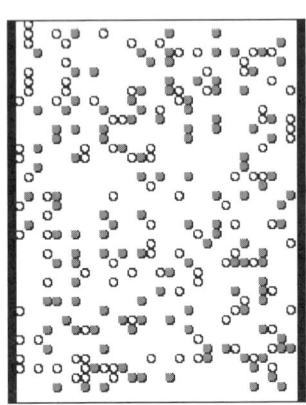

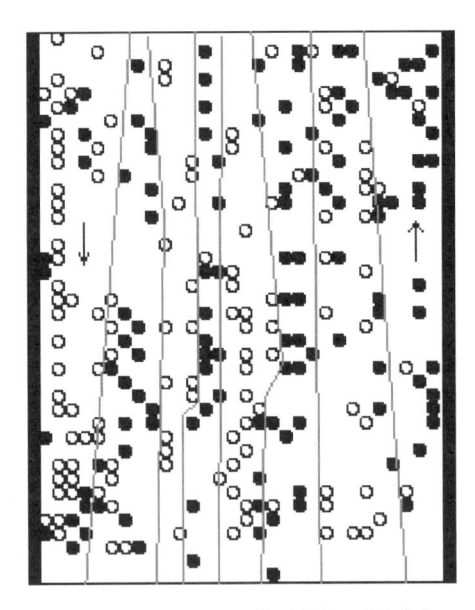

群集密度増大に伴い、対向流の厚さが鋭くなり層化現象が起こる。

○下向き　●上向き

図 4.2.2-4　群集流動シミュレーションにみる層化現象[2]

d．群集流動シミュレーションの含意

このとき、このシミュレーションが前提としているものを汎用性の大きいものから並べると、(a)コンピュータ、(b1)シミュレーションソフトウエア、(b2)エージェントの時空間座標や行動ルールの離散的近似を規定する空間単位と時間単位、(c1)18個の行動ルール、(c2)ルール適用順序、(d1)歩行空間、(d2)エージェントの初期配置と流入条件、となる。ここで、(b1)(b2)をモデル形式、(c1)(c2)をモデル、(d1)(d2)をケースと呼ぶことにしよう。じつは、(b2)における離散的近似もまた、複雑系研究の対象として重要であるが、ここでは、モデルの妥当性に説明を絞るため、コンピュータとモデル形式をともに正しいとして、この前提を暗黙のうちに認めることにする。続いて、さらに仮定を設けてゆく。

仮定1：ここで、層化現象の観測図を示しておく(図 4.2.2-5)。何をもって層化現象と呼ぶか定義要件などの問題が残るであろうが、ここでは、この双方を似ているものと判断して、双方とも層化現象と呼ぶこととしよう。このとき、あるモデル・あるケースにおけるシミュレーション結果で層化現象が認められたと言える。

仮定2：個々の行動ルールは、現実世界におけるミクロ動因に対応していると呼んで差し支えないものとする。これも話しを単純化するために、誰かが判断したものとしよう。もちろんこの場合でも、ミクロ動因には、これら以外の行動ルールによる表現が多様に考えられうる。

仮定3：シミュレーションでは、あるモデル・あるケースのもとで、層化現象が生じている。ここでも、話しを単純化して、あるモデル・すべてのケースにおいて、必ず層化現象が生じる、と仮定しておこう。全称命題は反例を許さないので、かなり強い(厳しい)仮定である。しかし、モデルの適用範囲、すなわちケースが取りうる条件に限定を設けることで、そのように判断できる場合もしばしば生じうる。

さて、上の3つの仮定のもとで、このようなシミュレーションモデルが持っているメリットを3つほど挙げてみよう。

第一に言えることは、この仮説モデルとシミュレーション結果を通じて、資料集成の頁における個々の図表の内容が、ある条件のもとで、結びつき「得る」

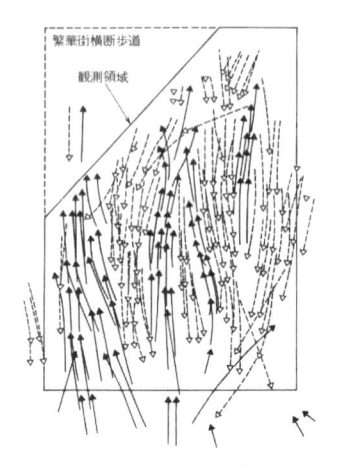

図 4.2.2-5　観測された群集流 [3]

ことを示している。

　個々の観測事実から現象発生のメカニズムを考えるとき、憶測（conjecture）の混入を避けることはなかなか難しい。結びつくと思っていても、推論や観測事実によって論理を詰めてゆく作業を終えていない場合がある。このとき、一連の前提からその帰結を示してくれるという意味で、機械演算をおこなうシミュレーションは、威力を発揮する。

　このシミュレーションを例として考える。資料集成の頁における各々の図表を読む誰もが、層化現象のメカニズムを理解するし、その説明に納得することであろう。しかし、この図表すべてを前提条件にすれば足りるのか？——とも思う。

　このようなときにシミュレーションが役に立つ。

　例が身近すぎて、それも誰もが毎日接していることなので、シミュレーションを行なうまでもなく、これを当たり前に思うかも知れない。しかし、仮にヒトの群集流動ではなく、南極奥地で発見された新種の三つ目ペンギンについて、それも実験サンプルとして数匹しか与えられない状況において、群集流動を予測することを想像すれば、このシミュレーションのありがたさが分かるであろう。

　第二に、3つの仮定が成立するとき、エージェントのミクロ行為がマクロ現

象である層化現象を創発している、と言える。ここで、この一組のルールはすべて局所情報に基づくものである[2]ので、層化現象の発生のためには、「マクロ現象→ミクロ行為」の因果関係が必要条件にならないと推論できる。

さらに、その仮説モデルが妥当であると判断できる範囲があれば、これと他の観測事実・推論結果と突き合わせることにより、新たな含意を探ることができる。これは、この種のアプローチが持つ「強味」である。その意味で、シミュレーションにおけるどのようなケースで現象が生じ、どのようなケースで現象が生じないか確かめることは有意義な作業となる。

第三に、この仮説モデルが、層化現象が発生するうえで十分条件・必要条件となるかどうか、さらに、どのルールが現象発生に重要な役割を果たしているのかについて、ルールを削除・追加・変更しながら仮説モデルを探る作業が残されている。その結果、この仮説モデルが改良されることがあってもよい。また、作業の過程において、新たな前提や新たな観測作業が必要となることもありうる。

このように、このシミュレーションモデルは、新たな観測事実と突き合わせたとき反証されうる余地があるので、科学哲学者ポパーが科学的命題の要件として論じた「反証可能性」を有するものである。その意味で、シミュレーションモデルは「科学の知」の形式を満たしている。

繰り返して言うと、この仮説モデルは、Y君が資料集成の頁を見ながら作成したものである。つまり、観測事実間の関係を仮説モデルとして整理したものである。Y君は、おもに第一に挙げたメリットを求めて、すなわち観測事実間関係についての憶測を仮説モデルに置き換えて、因果関係の整合性をチェックしたことになる。

もちろん、Y君が、都心の雑踏に出かけていって、横断歩道の群集流動を観察していたのは言うまでもない。

(3) エージェントの相互作用が形成する複雑系のモデリング
　a．まちづくりイベントに参加者が何人集まるか？

---

[2] このシミュレーションは、前述のように2人以下の密度を保っていた。従って、マクロ情報である群集密度はエージェントの挙動変化に影響を与えなかった。

読者のなかには、一連のまちづくりイベントの運営に携わっているひとがいるかも知れない。参加者人数に限定を設けない、人数は多すぎても少なすぎても運営がやりにくい、参加者の顔ぶれが固定しすぎるのも主旨にそぐわない、しかし毎回変わるのもやりにくい——このような条件にあるイベントを運営する際には、次回の参加人数の予想が立てにくいものである。

　ここでは、これに似た設問として、経済学者アーサーが提起した複雑系研究の設問であるエルファロール問題を取り上げてみよう。

b．エルファロール問題 [4][5]

　サンタフェにあるバー「エルファロール」では、毎週木曜晩にアイルランド音楽の演奏がある。サンタフェ研究所に勤めるアーサー氏は、自身がアイリッシュであることもあり、アイルランド音楽のファンとして、その演奏を聴きにゆくことを習慣としていた。ただし、氏は、——誰もがそうであるが——バーが混雑すると音楽に集中できないので、混雑しそうな晩は外出を控えたいと考えている。混雑の度合い、つまりバーの来客者数は、地元の新聞により、毎週翌日に報道されていた。この報道のみを手がかりに、どのようにして氏は、——そして他の人たちは——毎週の外出を決定するのだろうか？　その結果として、この音楽バーの来客者数はどう推移するのだろうか？

　氏はこの問題を次のようにモデリングする。

①まず、アイルランド音楽ファンは、多数いるという訳ではない。単純化して、ここでは、ファンつまり潜在的な来客者数を100人としておく。

②ファンの各人も、彼と同様に混雑を避けようと行動する。各人は、許容できる混雑の度合い、つまり閾値を持っており、過去のデータから来客者数の予測を立て、その値がしきい値を下回っていれば参加、そうでなければ欠席と判断する。ここでは、単純に（彼を含む）各人の閾値をすべて60人としておく。

③各人の予測は、過去のデータをもとに決められるが、その方法は多様である。例えば、過去14週間の来客者数データを44、78、56、15、23、67、84、34、45、76、40、56、23、35としたとき、

予測1：先週と同じ値とする（35）

予測2：50を境にして先週の数と対称な値とする（65）

予測3：過去4週間の平均値（端数切り上げ）（39）

予測4：2週間前と同じ値(23)

など、予測の方法は幾通りも考えることができる。

④さらに、各人は予測に従った自らの行動を事後に検討して、その方法を変えることができる。

　ここで、各人の意思決定は、帰納的推論によって行なわれることに注意されたい。このような場合における社会の全体挙動に関心を寄せるアーサーは、この問題の解を探るために、このモデルをもとに、後述のクラシファイアシステムを用いたエージェントシミュレーションを行っている。

c．複雑適応系としての社会システム

　一方、システム論者として知られるキャスティは、このモデルが持つ次の3つの特徴を挙げ、これらの特徴を持つシステムを複雑適応系（complex, adaptive system）と称し、この複雑適応系の持つ性質は、まずはコンピュータシミュレーションによる解が探られるべきであるとした。

1）中数規模のシステム

　科学が伝統的に用いていた解析的手法が、主に計算量の制約のため、二体もしくは数体からなるシステムを扱ってきたのに対し、この問題は、100体からなるシステムを扱うもので、とうてい解析的手法では扱えるものでない。一方、その対極にある統計的方法は、ひとびとにおける個性の捨象や、その相互作用の著しい単純化を伴うものであり、また、対象とする集団の規模が小さすぎる。キャスティは、この状況をかつてワインバーグが論じた「中数（medium number）」であるとしている[6]。ワインバーグによれば、解析的方法と統計的方法の双方がカバーしきれない中数の領域が存在し、そこでは、大きな変動、不規則性、あらゆる理論との不一致がかなり規則的に起きるとした。ワインバーグは、日常生活において「起きうることは必ず起こる」とするマーフィーの法則もまたこの考えによるとする。

2）局所情報

　各人とも、他者が採った行動を直接的に知ることができず、非常に限られた「局所情報」に基づいて、意思決定を行っている。この問題では、前回の来客者数というマクロ集計量のみが、情報として与えられる。現代社会において、すべての情報を把握する存在は考えにくく、むしろ、渋滞道路におけるドライバ

ーや投機市場におけるトレーダーのように、このような局所情報という特徴は、社会のモデルとしてむしろ一般的と言える。

3）知的適応システム

このモデルにおける意思決定者は、「ルール（かくかくの状況であれば、しかじかに行動する）」に基づいて行動を起こす。ひとびとは、行動の結果を事後的に評価することにより、そのルールを修正することもありうる。このように考えたとき、意思決定者は、状況に適応するために帰納的推論を行っていると言っても差し支えなかろう。これらの意思決定者たちは、予め用意されているルールの集合に行動が限定されるだけでなく、新しいルールを生成することもある。

これまでの経済学のモデルは、主体の意思決定に対して合理性、いわば全知全能を仮定していた。しかし、ここで挙げた(2)局所情報の条件は、主体の意思決定における合理性に制約を加えるものであることに注意しよう。これは限定合理性（bounded rationality）と呼ばれてるものである。その一方でこの主体は、(3)によって、経験から学ぶ学習能力が与えられていると解釈できる。

このように、複雑適応系のシミュレーションモデルとは、限定合理性と適応能力を与えた多数のエージェントを設けて、このエージェントたちの行為を相互作用させることにより、マクロ現象が創発されるプロセスを観察しようとするものである。

d．エルファロール問題のシミュレーション

1）クラシファイアシステム

ここでアーサーの行ったシミュレーションについて説明を加えておこう。アーサーは、この複雑適応系におけるエージェント（の集団）を、クラシファイアシステム（classifier system）として定式化している。ここでクラシファイアシステムに簡単に触れておきたい。

クラシファイアシステムの仕組みは、遺伝アルゴリズムを用いたものである。まず、遺伝子を「IF『判断条件』THEN『行為』」の形式のプロダクションルールとして多数用意しておく。ここでは、『判断条件』を、「予測値（前述のとおり多様な内容が考えられる）」と前述の60名というしきい値を比較する式から構成されると考えればよい。『行為』はイベントに出席するか否かの二者択一であり、

予測値がしきい値を下回れば参加、そうでなければ不参加である。

　遺伝子としてのエージェントは各々行為選択を行い、その選択は帰結情報と突き合わせて評価され、結果として評価値の低い遺伝子は淘汰され、新たなルールの遺伝子と置き換わる。この繰り返しにより、遺伝子のプールは、状況に適応したものによって多く占められるようになる。

　個々の遺伝子をエージェントと捉え、その繁栄死滅を考えることも可能である一方、遺伝子のプールをひとつのエージェントととしてとらえ、そのなかでの遺伝子形の比率が行為選択パタンの確率分布であると解釈することもできる。特に後者の場合、これは一つの意思決定主体における適応学習であると解釈することができる[7]。

2）シミュレーション結果

　図 4.2.2-6 は、この方法で行ったアーサーによるシミュレーション結果である。

　このグラフがリアリティを有している、すなわちエルファロールバーの実際の来客者数の推移パターンに一致すると解釈するかどうかは、読者の判断に委ねておく。仮に、一致すると判断したときは、この複雑適応系のシミュレーションはこの現象を説明することができるということになる。

　キャスティは、この図を示したのち、このパターンについての仮説命題を示す。さらにこれらの仮説命題が憶測に過ぎないとし、簡潔な理論モデルと解の提示が望まれているが、これまでのところ、それは見つかっていないと締めくくっている[6]。

e．「マクロ情報→ミクロ行為」がある複雑系モデル

　情報社会では、「社会の全体状況」と称する情報が多く流通しており、また、構成する主体の意思決定において、これらの情報が大きな影響を及ぼすことが多い。古くから、混戦した選挙戦において、不利と報道された候補者に票が集まる現象「アナウンス効果」がしられ、また、最近では、火山噴火のメディア報道により、そこから遠く離れた市街にも観光客が来なくなる現象なども例として挙げられるだろう。

　エルファロール問題のモデルにおいては、新聞が報道する来客者数をマクロ情報として、各主体ともこの情報のみを判断材料として行為を選択する。また、

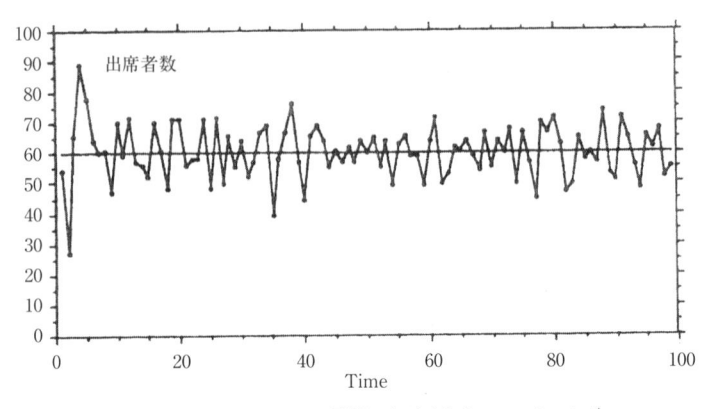

図 4.2.2-6　エルファロール問題におけるシミュレーション[5]

そのミクロ行為が来客者数のかたちで集計されている。本稿では、複雑系モデルを「ミクロ行為→マクロ現象」の因果構造を持つものとしているが、このモデルは、これに加えて「マクロ情報→ミクロ行為」の因果構造を有している。従って、このモデルは、明らかに強い意味でのミクロ・マクロ連関を持っていると言える。これが仮に、新聞がなく、代わりに各主体がランダムに選んだ10人に前回の出欠を電話で問い合わせる、あるいは、出席者のみがそのときの来客者数を知るとしよう。このとき、各主体が「全体」状況を手がかりとして意思決定を行っているとは言えない。このようなモデル状況における設定の微妙な違いにより、全体系の挙動が劇的に変化しうることも想像に難くない。

(4) 複雑系モデリングと都市システム

a．中心地形成とエッジシティ

　より大きな空間スケールに眼を転じてみよう。図 4.2.2-7 は、秩序だった大小の六角形のパタンとして知られるクリスタラーによる中心地理論の説明図である。都市計画の教科書に載っているので、読者の多くも見たことがあるだろう。

　1930年代に彼が調査を行っていたドイツ平原は、図 4.2.2-8 に示すように、都市群の立地パタンに明確な階層秩序があった。その意味で、彼の示した模式図にはリアリティがある。

　この理論では、平坦地・同一人口密度という空間を前提に、複数の財を扱う

消費者と生産者(サービス供給者)を想定する。そして、各々の財について、消費者側の移動距離の最長限界と、生産者側の拠点規模の最小限界が与えられ、双方の制約条件のもとで社会的費用(双方の費用の和)を最小とする空間配置を求める。財によって制約条件が異なるため、規模の異なる相似パターンが得られる。さらに、拠点における複数の財の扱いを認めると、拠点の機能に階層が生じる。このような説明が可能である。

　この説明は、目的論的な解釈として成立している。その意味で、ニュータウン計画における施設配置は、中心地理論と後続のモデルによるものと言っても差し支えないだろう。

　しかし、この説明は、このマクロ現象がどのようなプロセスを経て形成されたのか？——について説明を加えてはいない。我々が思いつく想像はたいてい

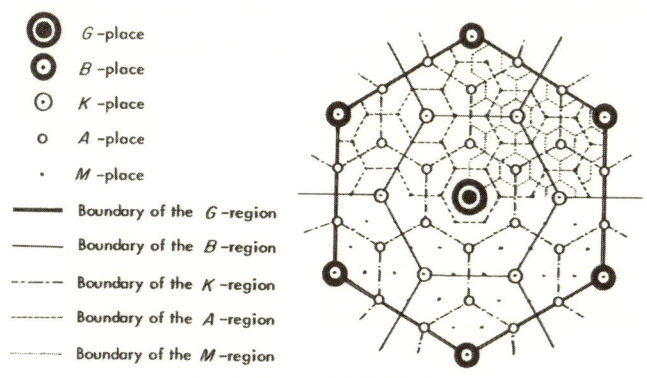

図4.2.2-7　中心地理論の模式図[8)]

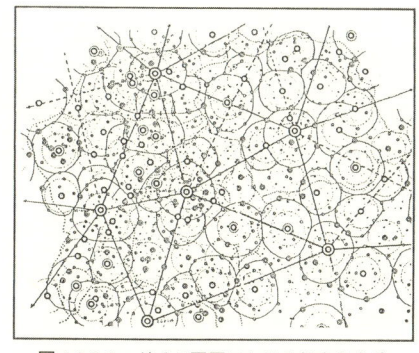

図4.2.2-8　ドイツ平原における都市分布[8)]

の場合、単なる憶測に過ぎない。従って、このマクロ現象を、憶測を排しながら、どのような前提におけるどのようなミクロ行為の集積として説明づけるのか、というのが複雑系モデリングの設問となるであろう。

昨今、市場システム・動学モデル・規模の経済性といった前提から、理論モデルと数値シミュレーションを用いて、中心地、特にエッジ・シティ——大都市圏郊外における急速なサブセンターの成長——の形成プロセスに言及した、経済学者クルーグマンの試み[9]などは、この立場に立つと考えてよい。

ここでは、憶測をできるだけ排するモデルづくりや、そのモデルの性質についての見通しを立てる推論ツールとして、シミュレーションが用いられている。

b．世界都市仮説

さらに、眼を1980年代の世界に転じてみよう。図4.2.2-9は、都市計画学者フリードマンが唱えた世界都市仮説(world city hypothesis)を示したものである。情報・資本・産業構成、さらには労働力の世界規模の流動化の帰結として、世界の大都市に新たな分業化、すなわち役割の変化が生じると彼は言う。株式・為替市場の開場時間が互いに競合しない、三極構造の世界拠点が形成されるという話しは、読者も耳にしたことがあるだろう。このような世界規模の産業構造の新たな分業・再編とともに、一部の大都市に本社機能その他が集中するのが世界都市(world city)である。加えて、その都市とそれが属している国家の政治・経済・社会(歴史・文化)、さらには都市間を結びつける技術の変化ともあいまって、世界じゅうの大都市どうしの階層的秩序の再編が進行するというのがその内容である。

この仮説はなにかシミュレーションに基づいて提案されたものではない。フリードマンは、この仮説を、都市理論の一般化というよりもむしろ政治学的研究の出発点としているが、21世紀における新しい中心地形成というマクロ現象の可能性として、これもまた我々にある種のリアリティを与えてくれる。

もしこれを、複雑系モデリングの設問として捉えてみると、このマクロ現象が——もし、それが生じるとするならば——、どのようなミクロ行為に基づいて、どのような条件のもとで、形成されるのか、ということになる。15年経った現在、この図を眺めると、90年代を通じてのシリコンバレーの隆盛やアジア諸国さらには大陸中国の躍進を踏まえて、修正が加えられるべきなのかも

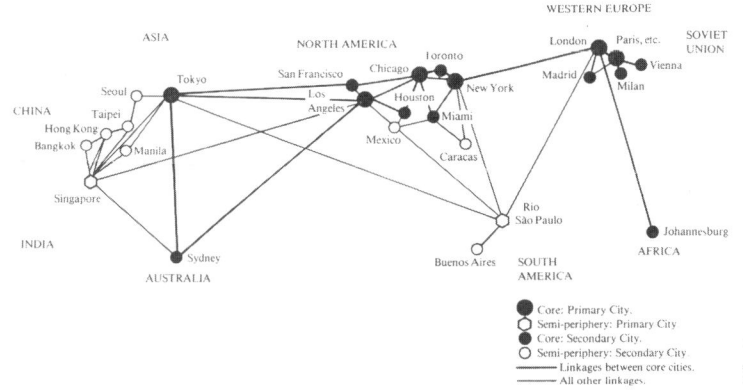

図 4.2.2-9　世界都市仮説における都市秩序 10)

知れない。予想を超える意外な展開こそが、複雑系におけるマクロ現象の特徴であり、その意味でこれもやはり複雑系モデリングの課題に加えられると思う。

c．都市づくり・まちづくり研究における複雑系モデリング

考えてみると、都市計画や交通計画におけるシミュレーションモデルは、その計画・政策の効果を検討するという必要上、比較的早くから、社会システムにおけるこのミクロ・マクロ連関を意識してきたと言える。しかし、初期の土地利用研究モデルとして知られるローリーモデルは、各用途のマクロ需要量をその土地ごとに与えられた立地ポテンシャル値に応じて配分してゆくものであった。そのため、複雑系モデルの要件であるところの、「ミクロ行為→マクロ現象」を明示的に扱ったモデルとは言いにくい。

これに対して、セルオートマトンによるバッティやチッキーニなどの土地利用モデル 11)、あるいはシェリングのコミュニティ住み分けモデルなどは、「ミクロ行為→マクロ現象」を扱ったモデルであると言える。

ただし、土地利用や地価変動の空間的波及といったマクロ現象には、土地（用途）に関する市場システム、すなわち、需要者と供給者と双方のミクロ行為を想定するのが、複雑系モデリングにとって自然な発想である。このうち、土地供給者、すなわち地主の個々は、空間上にプロットしやすいが、需要者側はそうでないこともある。そのため、需要者側個々の空間情報を捨象して、ポテンシャル値や集計量といったものとして扱い、これらマクロ的に整理された

制約条件のもとで、供給者の個々が行為を選択するメカニズムを考えることも多い。

　土地利用モデルの場合、「ミクロ行為→マクロ現象」に加え、このような「マクロ制約→ミクロ行為」のメカニズムが、複雑系モデルとして最低限望まれる要件と言えそうである。じじつ、都市全体を扱う土地利用モデルを考えたとき、マクロ制約は大きな役割を果たしている。例えば、この土地利用モデルにおいて、どの供給者も収益力が最大の小売用途を望み、競って用途変更を行なうのであれば、土地利用全体が小売用途になってしまい、（短期的にはともかく）長期的にはその状態は安定しないはずである。実際には、都市全体の小売売上額がそう変わることはなく、明らかにマクロ的な制約条件が作用している。現代の立地計画では需要動向の調査が必ず行われていることからも推察されるとおり、「マクロ制約→ミクロ行為」のメカニズムをすべて捨象しまうと、供給者側の意思決定に関する合理性に不自然なほど「強い限定」を設けることになる。

　さて、ここで述べてきた、強い意味でのミクロ・マクロ連関構造を持つモデルが扱いうる研究関心として、研究者たちが注目しているのは、ミクロとマクロのあいだにある「メソ(meso)」と呼ぶスケール概念である。このとき、このメソと呼ぶ対象は、空間スケールのそれであってもいいし、エージェントの個体数であっても、場合によっては時間スケールであってもよい。

　地区計画や再開発プロジェクト、タウンマネジメントといった昨今のまちづくりの関心は、建物単体に関するアクションというミクロと、都市マスタープランというマクロとの間にある、という意味でメソ・スケールであると言えるであろう。そこでは、マクロ的な環境条件のもとで、ミクロな協調行為が創発され、あるいは、場合によっては、マクロな環境構造を改変するためのミクロ行為の集積、すなわち集合行為が生じうる。

(5) おわりに——内部モデルと行為デザイン

　終わりに、このような多主体複雑系を理解する上で、研究者たちが注目している「内部モデル」という概念に言及しておこう。

　我々は、誰もが外界を映す「内部モデル(internal model)」を持っていて、行為を選択する上でこれを参照する、といおうか、それ以外に考えることができ

ない限られた存在である。明らかに、これは限定合理性の源泉のひとつである。2節で示したとおり、社会現象は、この限定合理的な主体の行為から創発されていると見ることができる一方、本人にとっては、それが重要な問題であれば、そして、自らの限定合理性に気づいているのであれば、行為選択に際し、十分な熟慮を踏まえることであろう。この行為実践に有用な知は、「行為デザインの知」とでも呼ぶべきものである。「行為デザインの知」は、これまで述べてきた「科学の知」と重複する部分もあるが、必ずしも一致している訳でもない。

　さて、主体における「内部モデル」に着目する重要性を説明するために、ひとりの人物を描いてみる。

　このひとは、もともと都心育ちで、結婚後、郊外化とともに、郊外の一戸建てに移り、子育て期を終え、そのうちに子供は「巣立ち」し、夫婦二人でカラッポの住宅に暮らしている。郊外の暮らしは車中心で、それはそれで便利な生活を享受しているのであるが、一方では、大学街・美術館・オペラハウスなどに囲まれたかつての都心暮らしに戻りたいとも考えてはじめている…。

　これは一例であるが、この人物も含めて、いろいろなひとが活動する現代の社会において、例えば、都心居住策のあり方を探るために、個々人の行為選択に関する要因構造モデルを考えることとしよう。

　その要因構造モデルは、例によって、ややこしげなシステムモデルが用いられるであろうが、ここで、インタビューその他で、個々人における要因構造の認知モデルを探るとすることとしよう。リンチの行った都市イメージの認知マッピングのような調査を想像すればよい。構成要素の数は当然有限で、おそらく認知構造の制約から、その数は意外に似かよったものになると思う。しかし、これら要素の扱いの大きさは、ひとによって随分と違ったものとなるはずだ。例えば、都心に来訪する手段についての設問を設けた場合、図4.2.2-10に示すように、個々の持つその「内部モデル」では、本人が重要だと思う要素が中心に、それほどではない要素は周辺に配置されるだろう——ちょうど、それは構図、あるいはパースペクティヴといってよいシステムモデルとなるはずである。このパースペクティブは、当然個々によって異なっており、この研究に携わる政策研究者ですら、検討対象とする政策を念頭に置いている以上、その政策課題を構図の中心に据えるはずで、誰もが逃れられないメタ構造である。

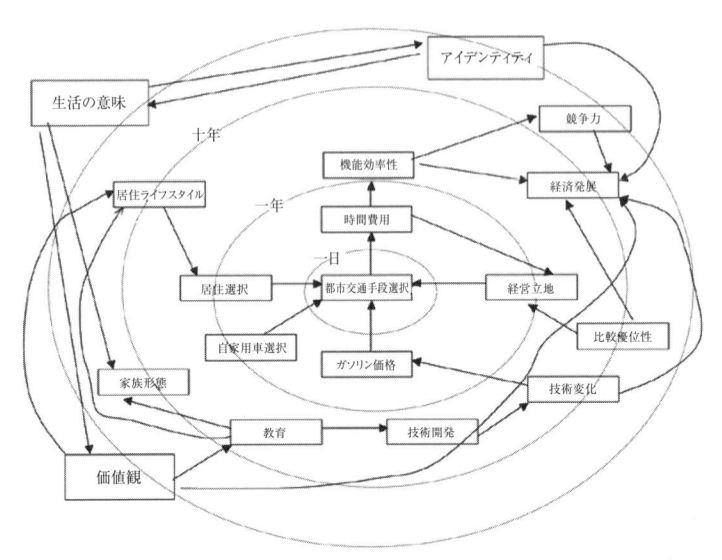

図 4.2.2-10　都心交通手段選択を中心としたパースペクティブ・システム [12]

さらに、この内部モデルは、時間スケールを念じると、それに関する中心的要素が前面に引っぱり出されるとともに、他の要素、例えば、空間スケールの要素などが捨象され、あるいは背景に後退する。また、空間スケールに着目すると、逆に変化する。そして、「内部モデル」は、経験、ひとびととの対話、あるいは内省によって変化する。言い換えれば、学習プロセスとしてモデルの変化を捉えることができる（図 4.2.2-11）。

このような、内部モデルを持つ主体が形成する社会システムが多主体複雑系であると言えるだろうが、「行為デザインの知」という観点で考えれば、主体間で異なる多様な「内部モデル」を語り合い、その違いを認め、楽しみ、比較し、共有しうる、あるいは連接しうる、より豊かな「内部モデル」に変換してゆくことが重要なのだと思う。〈兼田〉

参考文献

1) 日本建築学会編　丸善株式会社建築設計資料集成　単位空間 3、p53　水平路対向流（非通勤群集）の層化パターン
2) H. Yano, T. Kaneda, T. Misaka, T. Suzuki, and T. Yamada, Pedestrian Flow Simulation by Using Agent Approach - A Case Study on Akasi Pedestrian Deck Accident, 2001 The Second International Workshop on Agent-based Approaches in Economic and Social Complex Systems (AESCS'02) August 16, 2002, University of Tokyo, Tokyo, Japan

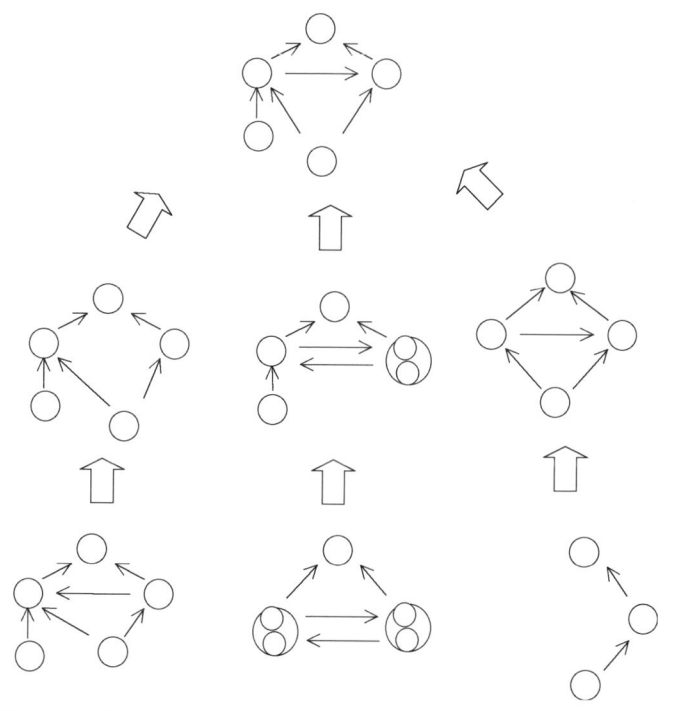

図 4.2.2-11 「正しい」モデルに至る途は多数ある——学習プロセスにおけるモデル

3) 加藤邦夫、上原孝雄、中村和夫、吉田松太郎：群集対向流動の性状、日本建築学会論文報告集、No.289、p.121(1980.3)
4) Casti, John, Would-be worlds: the science and surprise of artificial worlds, Computers, and Environmental and Urban Systems, May 1999, pp.193-204
5) Arthur, Brian, Inductive Reasoning and Bounded Rationality, American Economic Review, 84, 406, 1994.
6) Gerald M. Weinberg , An Introduction to General Systems Thinking, 1975, Dorset. システム思考入門、松田武彦 監訳 増田伸爾訳 紀伊国屋書店、1979
7) 出口弘、複雑系としての経済学、日科技連、2001
8) Christaller(1933)Die zentralen Orte in Süddeutschland(江沢譲爾訳：「都市の立地と発展」)
9) Krugman, Paul, The self-organizing economy, Blackwell, 1996.自己組織化の経済学
10) Fridmann, John, The World City Hypothesis, Development and Change, Sage, 1986, vol.17, 1986.
11) Computers, and Environmental and Urban Systems, May 1999, pp.193-204
12) Peter M. Allen Cities and Regions as Self-Organizing Systems Models of Complexity, Gordon and Breach Science Publishers1997p.235 Figure 12.3

謝辞
Y君こと矢野光氏に感謝。

4.2.3 都市の土地利用パタン形成の進化的なマルチエージェントシミュレーション

(1) はじめに

　都市を都市として特徴付けているのは、その土地利用パタンである。アメリカや日本の地方都市に見られるスプロール化した都市構造、ヨーロッパに多い中層建物群によるコンパクトな都市構造など、土地利用パタンは、都市の印象、住みやすさ、環境負荷など、多くの重要な評価因子と関連している。

　都市の土地利用パタンは、異なる風土・歴史・文化などを背景にしてはいるが、特に現代都市の場合は、経済条件や時間コストなどが因子として重要になる。都市経済学の世界では、フォン・チューネンの付け値地代モデル以降、産業立地や集積、住宅・土地市場など都市のさまざまな側面が分析されてきた。その理論としてのシンプルさと説明力には一定の説得力があるが、家計や企業など、都市を構成する主体が抽象的で断片的な存在で、主体の関係性という、都市のシステム的な側面を理解するには限界があると考える。

　筆者は、都市と自然の生態系にアナロジー以上の類似性があると思っている。生態系は、基本的に弱肉強食の関係であるが、その一方で共生関係も見られる。都市では各種経済主体の立地をめぐる競争がある一方で、全体としては集積の利益を享受している。また、近年の景観意識や保存運動の高まりは、自分たちのテリトリーを守ろうとする行動とも解釈できる。このような考え方は古くからある人間生態学と重なる部分があるが、都市研究の基盤である経済学が生態学や進化論に接近しつつある現在、再考に値すると思う。

　都市を自然の生態系のように、多様な主体が意思決定を行い、相互に関連し、進化する場であると考え、理論化できれば、より都市の現象を忠実に捉えたモデルが構築可能ではないか。本章では、このようなアイディアを具現化する出発点として行っている、マルチエージェントによる単純な都市モデルの構築と、土地利用パタン生成のシミュレーションに関する研究について紹介する[1)][2)]。

(2) モデル

a. 概要

　図 4.2.3-1 のような都市モデルを考える。対象範囲は単一の都市とし空間は 2

次元格子で区切られている。構成要素とその関係は、Lowry モデル[3]を参考にしている。Lowry モデルでは、都市は基幹産業部門、家計部門、サービス産業部門の三つから構成され、経済的な関係を有している。本研究ではこの三つの経済主体を、それぞれ業務、住居、商業地域の土地利用エージェントと定義する。一つのエージェントは格子空間の一マスを占有し、他の用途のエージェントと、雇用(住居－業務、住居－商業)と購買(住居－商業)関係を結び、抽象的な財であるポテンシャルを交換する。また、移動距離に応じたコストや、業務の集積によって上昇する地代のコストを導入する。収入状況や周辺環境の変化等に応じて、新規にエージェントを生成したり、消滅、移転などの行為を行う。

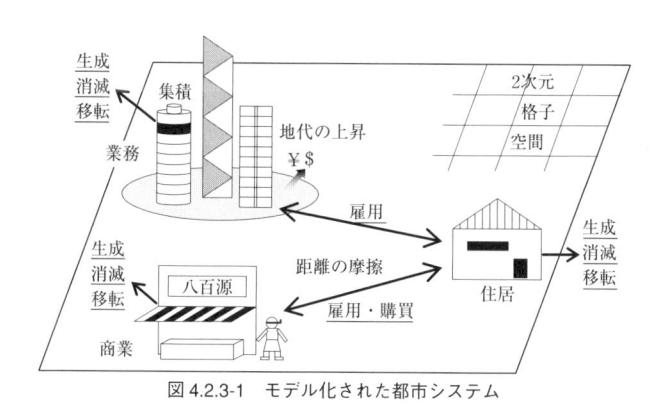

図 4.2.3-1　モデル化された都市システム

b．エージェントの行為

　経済的な行為(労働・購買)は、シミュレーション1サイクルごとに行われる。消滅は寿命や経済状態の悪化の効果、新規エージェントの生成は人口の増加や経済発展の効果、移転は地代の上昇や顧客の減少といった環境変化に対して、よりよい場所へ移動することをモデル化したものである。消滅、生成、移転は、図 4.2.3-2 に示すように、エージェント内部の状態(ポテンシャル等)と外部の情報(地代等)を観測し、染色体として定義された自己の判断基準に従い、「if 条件 then 行為」のプロダクションルールにより決定される。染色体の内容を表 4.2.3-1 に示す。紙面の都合で具体的な行為の定義は省略する。興味のある方は、文献[1]を参照してほしい。新しいエージェントが生成されるときに、親の染色体の内容が若干の突然変異を加えて子にコピーされる。よって、環境に適応す

175

るルールが進化的に獲得され、増加することになる。

表 4.2.3-1　染色体の値

用　途	番　号	内　容 ｛値・方法｝
住　居	1	生成時の最小ポテンシャル ｛5, 25, 50｝
	2	移転時の最小移動距離 ｛0, 10, 20｝
	3	〃　　最小地代 ｛0.3×基準地代, 6×基準地代｝
	4	〃　　最小ポテンシャル ｛5, 25, 50｝
	5	立地方法 ｛勤務先に近接、地代安い、ランダム｝
	6	購買先の選択方法 ｛最近隣、人気の店、ランダム｝
業　務	1	生成時の最小ポテンシャル ｛1000, 2000, 3000｝
	2	〃　　最小従業員数 ｛0, 3, 6｝
	3	移転時の最大従業員数 ｛0, 3, 6｝
	4	〃　　最小地代 ｛0.3×基準地代, 6×基準地代｝
	5	〃　　最小ポテンシャル ｛100, 200, 300｝
商　業	1	生成時の最小ポテンシャル ｛100, 500, 1000｝
	2	〃　　最小顧客数 ｛0, 6, 12｝
	3	移転時の最大顧客数 ｛0, 6, 12｝
	4	〃　　最小地代 ｛0.3×基準地代, 6×基準地代｝
	5	〃　　最小ポテンシャル ｛100, 200, 300｝
	6	立地方法 ｛空間的相互作用、地代安い、ランダム｝

(3) シミュレーション

a. 設定

　50×50の格子空間において、業務、商業エージェントをそれぞれ5個、住居エージェント30個を、敷地中心部分にランダムに初期配置する。各エージェントの染色体の値をランダムに決定する。住居エージェントは配置された業務、商業エージェントの中からランダムに勤務先を決定し、購買先を自己の選択ルールによって決定する。次に、相互作用により、関連しているエージェント同士でポテンシャルの交換を行う。業務、住居、商業エージェントの順に行為の判定を行い、約900個のエージェントが立地するまでシミュレーションを繰り返す。ここでは、環境変数の一つである距離制約パラメータを、全く無いCase 1 から最も大きな Case 3 まで3段階変化させ、生成される土地利用パタ

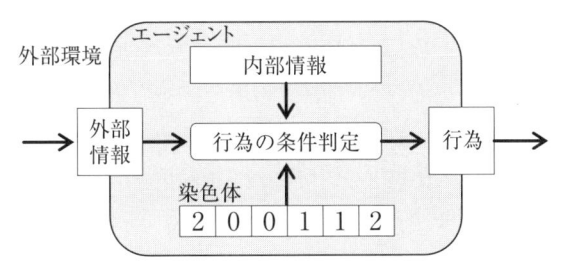

図 4.2.3-2　行為判定の模式図

ーンやルール構成を比較した。

b．結果

図 4.2.3-3 に、シミュレーションの結果得られた土地利用パターンを示す。距離の制約の無い Case 1 の場合、初期状態からそれほど大きな淘汰はなく、

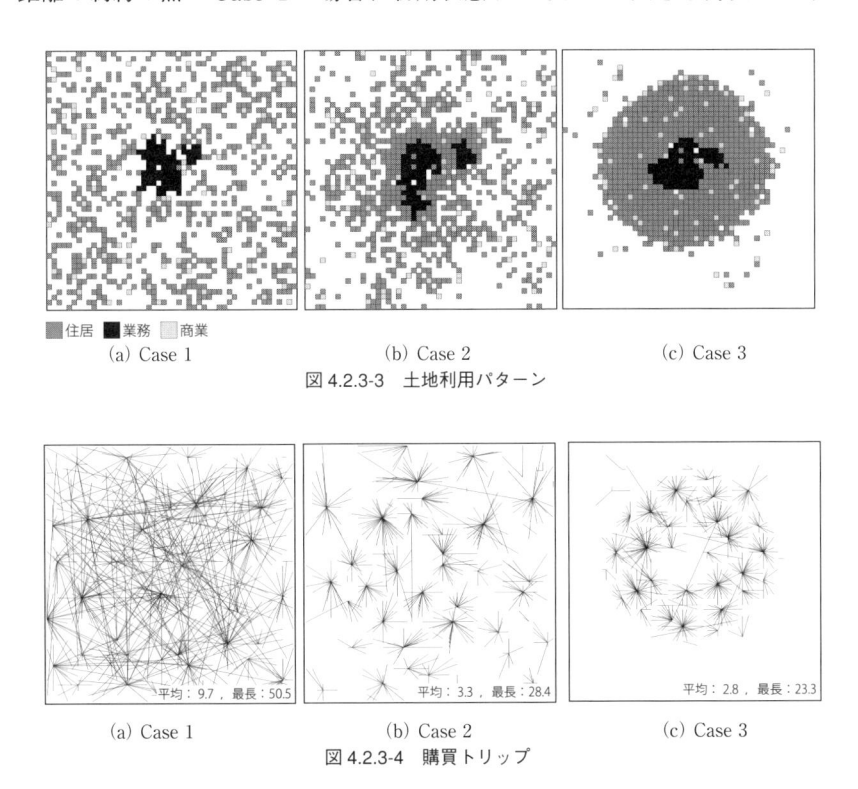

■住居　■業務　■商業
(a) Case 1　　　　　(b) Case 2　　　　　(c) Case 3
図 4.2.3-3　土地利用パターン

(a) Case 1　　　　　(b) Case 2　　　　　(c) Case 3
図 4.2.3-4　購買トリップ

住居エージェントがランダムに分散して立地している。制約が中間的な Case 2 の場合、分散して立地するものに加え、近接して立地する住居エージェントが多くなる。最も制約の大きな Case 3 の場合、制約を満たせなかったエージェントが急激に淘汰され、最終的には近接して立地する住居エージェントが多数を占めてくる。ちなみに現実の大阪府の土地利用と、フラクタル次元という点の分散の複雑さを示す尺度で比較すると、Case 2 がこの中でもっとも類似した値を示す。図 4.2.3-4 に購買トリップを示す。Case 1 では遠距離の購買地を利用するエージェントが多いが、距離制約が大きくなる Cases 2, 3 では、近接した購買地を利用する傾向となっている。

　図 4.2.3-5 に、住居エージェントの染色体構成を示す。移転時のルールを見ると、最小移動距離は、Cases 1, 2 ではすべての値の染色体が残っているが、Case 3 では 20 以上の染色体が約 80％を占めている。距離制約がきつくなると、ルールとして有効になるといえる。地代の最小値も似たような傾向で、距離制

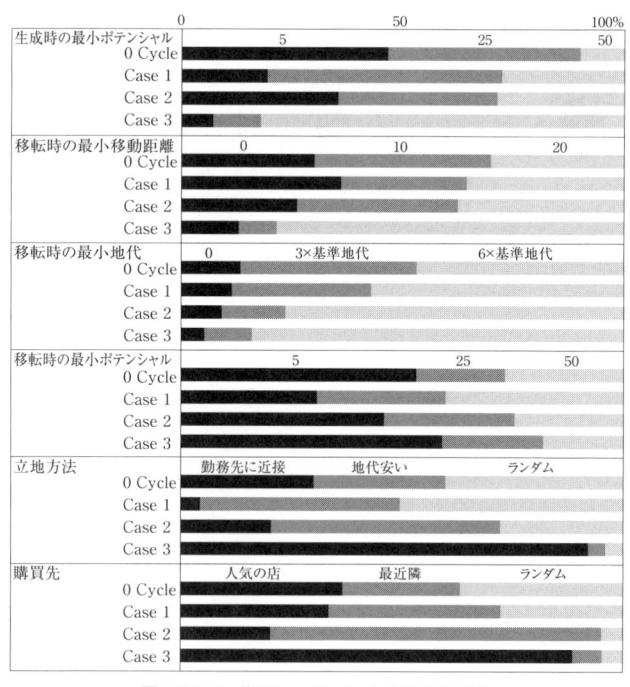

図 4.2.3-5　住居エージェントの染色体構成

約が上がるほど周囲が都市化する際に限って移転する傾向が出てくる。移転にはコストがかかることから、距離制約の大きなCase 3では、むやみに移転しなくなる。

立地方法は、Cases 1, 2では、地代の安い場所やランダムに立地する値の染色体が80～90％であるが、Case 3では勤務先に近接する場合う場合が90％程度になり、予想通りの結果となっている。

購買先の選択方法は、Cases 2, 3では、Case 1に比べてランダムに選択する値の染色体は少なくなり、最近隣、もしくは人気の店を選択するようになる。Case 3で人気の店が90％近くを占めるのは、人気の店を半径4の円という狭い範囲内から選んでおり、距離的な負荷が小さい選択方法となっているためである。

(4) まとめ

本章では、マルチエージェントモデルとして都市をモデル化し、進化的シミュレーションによって、行動ルールと土地利用パターンを進化的に獲得した。ここで示したエージェントの意思決定は非常に単純で、結果も予想可能な範囲にはあるが、エージェントという分散的な計算主体の振る舞いだけで、実際の都市に似た土地利用パターンを生成できたことに意義があると考えている。マルチエージェントモデルの記述能力の高さを活かして、本格的な都市モデルに発展させていくのが今後の課題である。

〈瀧澤〉

参考文献
1) 瀧澤重志、河村廣、谷明勲：適応的マルチエージェントシステムによる都市の土地利用パターンの形成、日本建築学会計画系論文集　第528号、pp.267-275、2000.2
2) 瀧澤重志、河村廣、谷明勲：Multi-Agent Urban Simulatorによる都市シミュレーション -バージェスの同心円モデルの再構築-、日本建築学会大会学術講演梗概集、pp.661-662、2002
3) Lowry, I.S.: A model of metropolis, RM-4035-RC, RAND Corporation, Santa Monica, California, 1964

4.2.4 都市における商業用地の成長シミュレーション
(1) 複雑系と都市の成長現象

都市の中では、政治活動、経済活動、社会活動、芸術活動、報道、教育、医

療、娯楽、犯罪などをはじめとして、様々な要素が、お互いに関連しながら存在している。こうした都市現象を、キャスティの複雑系の定義(3章3.1参照)から眺めると、複雑系と言えるかどうか難しいところである。なぜなら、都市現象全体を、数理モデルで説明しようと壮大な目標を立てれば、エージェント(要素)が多過ぎて、複雑系とは言えなくなってしまう。複雑系という考え方の良さは、一見複雑で説明ができないと思える現象を、局所的な情報を判断するいくつかのエージェント(要素)が相互的に作用した結果として、シンプルに説明できる点にあるからである。しかしながら、1つ1つの都市現象に目を転じれば、こうした複雑系の考え方で説明できる現象は、少なからずあるように思われる。そこで、ここでは、昼間人口の増大や人間による都市計画が原因となって、商業用地が拡大して行く現象[1]を複雑系的な考え方で説明した研究例[2,3,4]を紹介する。

(2) 都市の商業用地の成長モデル

図4.2.4-1は、渋谷区、新宿区、港区、川崎市川崎区の昼間人口の増分と商業用地の面積との関係を示したものである。現在の段階では調査データの数が必ずしも十分でないので、一般的関係とは言いにくいが、東京周辺ではかなり良い相関が期待できると思われる。ここでは、こうした現象に着目して、以下のような仮説に基づく成長モデルを考えた。

商業地域の内部および周辺では、多くの起業が発生し、成功した企業は地図上に定着し、失敗すれば消滅していく。また、成功した企業も、新たな場所を

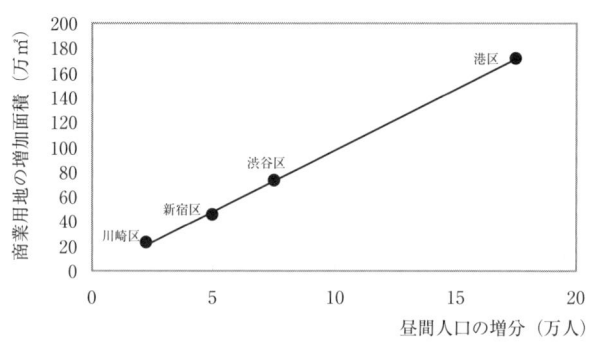

図4.2.4-1　昼間人口の増加と商業用地の成長

求めて移動することがある。それを1つ1つ予測することは極めて困難なので、ここでは、図4.2.4-2のように、ある地域内に発生した粒子がランダムに動き、その境界で条件を満たす場所に至ると止まり、周囲の都市計画上の規制などを判定して、付着、通過もしくは消滅することがその地域の自然発生的な成長と考えた。また、ここで付着する粒子の数(面積)は、上述のように昼間人口に比例すると仮定した。次に人為的な要素として、行政と民間で計画した地域や建物は完成年度に地図上に出現すると考えた。プログラムではこうした部分からも粒子の発生が可能なため、この2つの事象は十分ではないものの相互作用的関係が生ずる。この方法はキャスティの定義と照らし合わせて考えれば、複雑系と従来の要素還元的な思想の中間に位置すると考えられる。

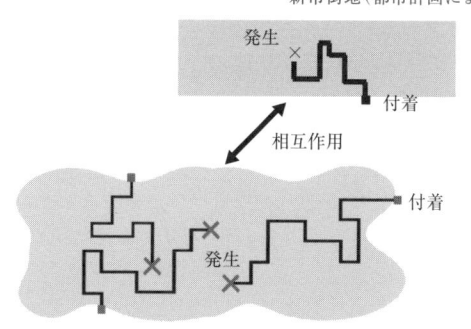

図4.2.4-2　複雑系的な商業用地の成長モデル

(3) 渋谷区と港区の商業用地の成長

ここでは、表4.2.4-1に示す渋谷区、港区、新宿区、川崎市川崎区の中から、渋谷区と港区の事例について商業用地の成長を解析する。図4.2.4.3(a)は昭和56年の渋谷区の商業用地と、平成7年までに実際に増加した商業用地を表している。はじめに、昼間人口の増加と商業用地の成長の関係を把握するために、この図に基づき商業用地の面積の増分(約 728 958 ㎡)を計算した。これは、画面上で付着する粒子数に換算すると 10 497 pixcel に相当するので、これに渋谷区に対する港区の昼間人口の増加比を乗じて、港区における粒子の付着数(約 24 448 pixcel)と定めた。

表 4.2.4-1 商業用地の成長面積と昼間人口

	土地利用現況図			
	比 $m^2/$人	面積増分 (m^2)	人口増分 (人)	期間 (年)
解像度 (120 pixcel/km)				
渋谷区	9.7035	728 958	75 123	(S55-H7)
港　区	9.8043	1 715 417	174 965	(S51-H7)
新宿区	9.1530	455 208	49 733	(S60-H7)
川崎区	10.1406	228 681	22 551	(S45-H7)

　図 4.2.4-3(b)は、渋谷区の場合のシミュレーション結果である。本論文の方法は、渋谷駅前のように、集積した商業用地が周辺へ拡大していく状況は比較的良く説明できるが、原宿駅から神宮前(図 4.2.4-3(a)および(b)上部)のように、飛び地的に商業用地が増える状況までは説明できていない。次に、人為的な商業用地の成長で大規模なものとして、平成5年の恵比寿開発が挙げられるが、これは行政による都市計画とは異なり、特定市街地総合整備促進事業として、国から補助を得て民間が行ったものである。シミュレーションは、恵比寿開発終了後2年で終了するため、複雑系的に取り扱った効果がそれほど明瞭に現れるわけではなく、現段階では、商業用地の全体的な成長状況が概ね分かる程度と考えるべきであろう。

　次は、S51 年から H7 年に至る期間における港区の商業用地の成長について述べる。ここでは、昭和60年以前に芝浦4丁目周辺(図 4.2.4-4(a)の[2])で、特定市街地総合整備促進事業として開発が行われ、平成2年には田町で都市再開発が行われ、NEC 本社ビルが建設された。また、平成4年に品川駅東口の再開発が着工し、それと同時期に NTT 品川ツインズが建設され、さらに平成5年に台場開発も完成している。このように港区では人為的要素による商業地域の発達の割合が渋谷区に比べて多いことが指摘できる。図 4.2.4-4(b)は、シミュレーションの結果で、自然発生的な商業用地の広がりも比較的良く対応していることが分かる。なお、ここでは上述のように、渋谷区に対する港区の昼間人口の増加比に基づき付着粒子の数を定めて計算をしているが、商業用地の成長面積の計算値は、実際の値と約1%程度の差しかないのは着目すべきことである(表 4.2.4-2)。このことは、新宿区、川崎市川崎区などについても、ほぼ

同様である。東京の副都心もしくは、その周辺に限って言えば、昼間人口1当たりの増加がもたらす商業用地の増加面積は、9.7〜9.9㎡くらいである。

　ここで紹介した複雑系的アルゴリズムに基づく商業用地の成長シミュレーションの特徴は、成長の規模と同時におよその形状が予測できることや、成長の原因が主として昼間人口の増加であることを論理的に説明できることにある。こうした成果は、過去の統計学的分析手法では得られない。それが複雑系的思考のよさである。　　　　　　　　　　　　　　　　　　　　　　〈朝山〉

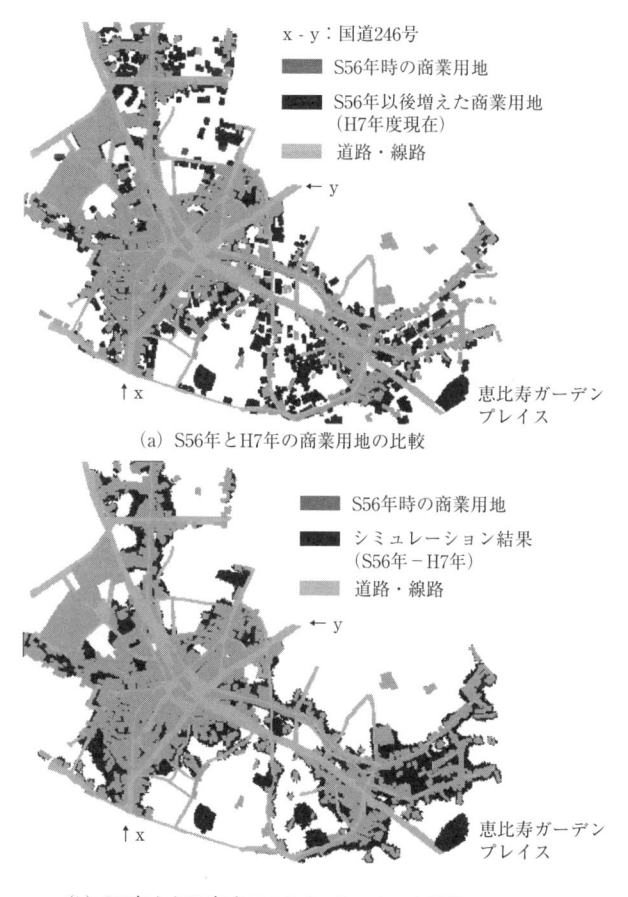

（a）S56年とH7年の商業用地の比較

（b）S56年からH7年までのシミュレーション結果

図4.2.4-3　渋谷の商業用地の成長とシミュレーション結果の比較

表 4.2.4-2　商業用地の成長面積とシミュレーションの比較

		土地利用現況図		
	パラメータ $m^2/$人	面積増分 (m^2)	シミュレーション (m^2)	比
解像度（120 pixcel/km）				
渋谷区	9.7035	728 958	728 958	1.0000
港　区	9.7035	1 715 417	1 697 778	1.0104
新宿区	9.7035	455 208	482 586	0.9433
川崎区	9.7035	228 681	218 842	1.0450

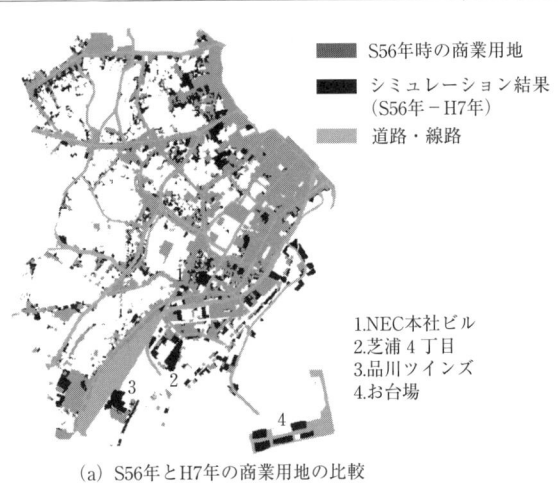

（a）S56年とH7年の商業用地の比較

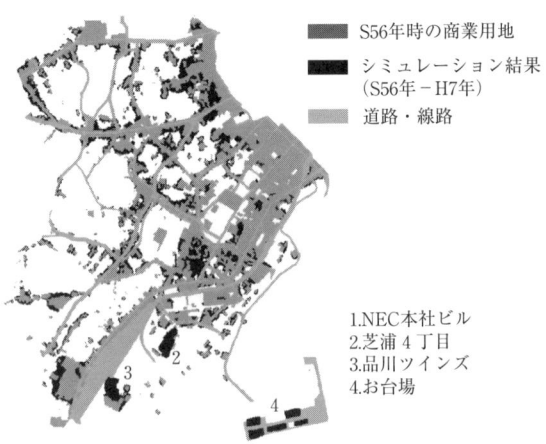

（b）S56年からH7年までのシミュレーション結果

図 4.2.4-4　港区の商業用地の成長とシミュレーション結果の比較

参考文献

1) 渡辺康、川島孝之、石川允：都心域の拡大・再編成とその形態及び要因に関する研究、第28回日本都市計画学会学術研究論文集、pp.812-822、1993年
2) 朝山秀一：土地利用現況図に基づく港区の商業用地の成長解析─複雑系的アルゴリズムに基づく都市の成長シミュレーション(その1)─、日本建築学会学術講演梗概集、pp.551-552、2002年8月
3) 朝山秀一：複雑系的アルゴリズムとフラクタルに基づく都市・建築の形状生成、第25回情報・システム・利用・技術シンポジウム論文集／研究集会コンピュータサイエンスが生み出す新しい建築・都市の潮流、pp.373-374、2002年12月
4) 朝山秀一：昼間人口の増加に伴う新宿区の商業用地の成長解析─複雑系的アルゴリズムに基づく都市の成長シミレーション(その2)─、日本建築学会学術講演梗概集、pp.561-562、2003年9月

4.3　社会

4.3.1　マルチエージェントシミュレーションによる人間—環境—社会システムの解析

(1) はじめに

　本節では、複雑系科学のうち最近特に関心をよんでいるマルチエージェントシミュレーションを社会システム研究に適用した研究事例を紹介しよう。

　シミュレーションという言葉は、ラテン語のsimulo(まねる)から来ており、フォン・ノイマンが放射性物質の遮蔽に関する研究論文で使い始めたとされている。現在の工学分野ではシミュレーションという術語は頻繁に使われているが、それらの多くは、系の支配方程式が既知であり、単にコンピュータ上でディジタル的に数値解を得るプロセスを指しているに過ぎない。非定常の熱伝導問題やナビエストークスの方程式を有限要素法で解くというのはこの例である。しかし、ノイマンの言ったシミュレーションはこれらとはいささか概念を異にしている。

　系全体の支配方程式が不明の場合でも構成要素間の関係はある程度記述出来る場合が多い。例えば、街路における人の流動を俯瞰的に眺めて全体を矛盾なく記述する数学モデルを立てることは困難であるが、人は群衆が作る流れに追従しようとするとか、他人との衝突を避けようとするとか、壁に沿って移動したがる、といった個々の動きを切り出して述べることは可能だろう。そこでそれらのルールをすべて書き下し、それらに従ってコンピュータ内に粒子として発生させた人を動かしてみるとどうなるだろうか、というのが本来的な意味でのシミュレーションである。この考え方は、ノイマン以降いろいろな変遷を経て、一つには離散型シミュレーションとして結実し、実用に供されてきた。建築学では、火災時の避難シミュレーションなどがその代表的適用例である。ニューラルネットワークや遺伝的アルゴリズムなど様々な数理手法や人工知能の知見をこの離散型シミュレーションに適用し、近年、性能向上が著しいコンピュータ上に実装すると、個々のルール記述からは思いもよらない複雑現象が観察される(これを創発emergentという)という。これが複雑系科学に基づくマ

ルチエージェントシミュレーションである。エージェントとは先程の例でいえば、粒子として発生させた人のことを指す。

このマルチエージェントシミュレーションは、社会システム研究に貢献する大きなポテンシャルを秘めている。人間個々の行動や群としての社会の振る舞いについては、これまで社会科学の守備範囲とされ、それぞれの現象を観察の上、理解することに主眼が置かれてきた。いわば個別記述的アプローチが重要視されてきたのである。その背景には、人間という非線形性の強い主体をモデルとして記述することなど到底覚束ないということもあったろう。マルチエージェントシミュレーションでは、仮構したモデルと現実世界の観察事実とを繰り返し突き合わせることで、これまで困難とされてきたモデル化への可能性が拓かれるのである。無論、社会科学にも実験的アプローチは存在した。が、多様な条件下で低コストで実験が行えるという計算機シミュレーションの魅力は捨てがたいものがある。また、数学的演繹性を重要視し、多くの前提を構えすぎた結果、現実社会の模擬としてはその隔たりが否めなくなった経済学においても、仮定上の条件緩和や現実的な人間行動の加味を通じて、マルチエージェントシミュレーションは大きな成果を上げつつある。1980年代の後半から90年代にかけて、複雑系科学の黎明期にマルチエージェントシミュレーションの適用対象として真っ先に検討されたのは、為替や株式などマーケットのダイナミズムを巡る経済学上の諸問題であった。

以上のように、人間やそれを取り巻く環境、人間の集合体としての社会をその適用対象として考えるなら、マルチエージェントシミュレーションは、これまで困難とされてきた法則定立的なアプローチを可能にする方法論の一つとして、いま大きな関心を集め始めているのである。

(2) 口コミによる噂の伝播[1]

情報の伝搬を大別すれば、口コミなど特定の人間関係を媒介にするタイプと、新聞やテレビなど不特定多数の対象に同時に等価の内容を伝達するマスコミュニケーションに分類できる。前者についてみると、人間の接触を通じて、すなわち対面接触を通じて情報が伝播する、古典的な口コミ（対人接触伝播）に加えて、電話やeメールなど1ソースが複数の対象に逐次情報を伝えることで知人

ネットワーク上を拡散していく新しいタイプの口コミ(ネットワーク伝播)とに分けて考えるべきだろう。なぜなら、後者は前者と異なり、空間的な意味での対人接触を必要とせず、現在の携帯電話やインターネットの普及を観ればわかるように、前者の古典的口コミによる情報拡散に比較して、時間的にも空間的にもきわめて高効率の情報伝播特性を示しうるからである。

ある空間領域にN人のエージェントがランダムに散布しており、任意の1人が初期情報価値W_{int} ($0 < W_{int} ≦ 1$)有する情報をリリースすることによって、周囲に情報拡散が発生する状況を考える。空間領域は格子状の構造を有し、ある格子についてみると周囲には8つの隣接格子(第1ムーア近傍)が存在することになる。

考え方の骨子は、蜷川らのうわさモデル[2]を基本に情報の価値の概念[3]を付加し、対人接触伝播とネットワーク伝播を統一的に表現したものである。

まず、N×Nの情報伝播行列Rを考える。RはN行の縦ベクトルrjをN列にわたって横に重列結合したもので、rjはエージェントjの対人関係を表すベクトルである。rjのj要素は1であり、他のi要素はjがiに対して情報を伝える(jからiへの一方的知人ネットワークが存在する)場合には1、そうでない場合は0である。

次に、対角成分のみ値を有するN×Nの情報価値行列Vを考える。Vの対角要素(i, i)には、エージェントiが情報として有している情報価値Wiが入る。過去に情報伝達を受けていないエージェントであれば値はゼロである。離散時刻k(直前過去は時刻k-1)における情報価値行列Vkの(i, i)対角要素を$V_k(i,i)$で表すと(ただし$V_{k-1}(i, i) = 0$)、

$$V_k(i, i) = \begin{cases} 0 & when\_Max[R \cdot V_{k-1}|i] ≦ Uni[0, 1] \\ P_{damp} \times Max[R \cdot V_{k-1}|i] & when\_Max[R \cdot V_{k-1}|i] ≦ Uni[0, 1] \end{cases} \quad (1)$$

ここで、$Uni[0, 1]$は$[0, 1]$の一様乱数、P_{damp}は情報減衰パラメータ($0 < P_{damp} ≦ 1$)、$Max[R \cdot V_{k-1}|i]$はマトリクス積$R \cdot V_{k-1}$のi行要素の最大値を表す。

①対人接触伝播

情報キャリアであるエージェントが、情報を有しないエージェントに接触した際に情報が伝播する場面を考える。各エージェントの空間領域上の配置は、

時間の進行とともにランダムに遷移するとする。つまり、エージェントは空間領域上をランダムウォークする。

情報伝播行列 R は対角要素に加え、エージェント i の接触域内に j_m なるエージェント(ただし $0 \leq m \leq 8$、第 1 ムーア近傍は 8 セルだから)がやって来た場合、(i, j_m) 要素に値 1 が入る。各エージェントはランダムウォークするから、R は時変行列となる。

(1)式で示したモデルを言葉で表現すれば以下のようになる。

情報を保持しないエージェントの接触域内に情報キャリアが立ち入った際、情報キャリアの有する情報価値 W と [0, 1] の一様乱数を大小比較し、前者が大きければ情報の授受が生起する、と考える。その場合、被接触エージェントが貰い受ける情報は、情報キャリアが有する情報に減衰パラメータ P_{damp} を乗じた情報価値を有する。

②ネットワーク伝播

ここでは、空間領域は意味を有さない。各エージェントは、各人固有の知人関係を有し、それが N 人のエージェント間でネットワークされており、情報はこのネットワークを通じて遠隔地に存在するエージェントにも伝達される。

情報伝播行列 R は対角要素に加え、エージェント i に対してエージェント j が知人であれば、(i, j) 要素に値 1 が入る。R は対人接触伝播同様、時変行列となるが、一般に、知人関係は時間耐性が強いから、R を時不変行列として取り扱っても差し支えない。また、系内の知人関係の累積数を N で除した値を一人当たりの知人数と定義する。

③シミュレーション

上記のモデルを 63 ページの図 2.51-2(体感としての複雑系谷本担当箇所)に示すように MAS 上に実装した。パラメータを様々変化させて、対人接触伝搬とネットワーク伝搬の差異について検討してみた。図 4.3.1-1 はエージェント数 500 としたときの対人接触伝播シミュレーション結果と解析解の比較である。解析解はステップごとに情報キャリアが 2 次元平面上に瞬時一様拡散することを前提にしているため、定常(情報キャリア数=総エージェント数)に達するのが極めて早い。シミュレーションとの大きな差異は、情報の偏在による無駄伝播がいかに大きいかを示している。表 4.3.1-1 に因子水準を示した数値

実験では、10試行のアンサンブル平均を取り、完全実験により要因効果を求めた。表4.3.1-2が結果である。特性値の一つである全エージェントに占める情報キャリアの割合に着目してみる。これは、最終的に何パーセントのエージェントに情報が伝播したかを示すものである。対人接触伝播ではエージェント数と初期情報価値に明瞭な要因効果がみられる。前者はエージェント密度が高いほどプラス、後者は初期情報価値が高いほどプラスの傾向を示す。しかし、ネットワーク伝播では両因子に要因効果はみられない。ネットワーク伝播ではエージェントAとエージェントBに知人ネットワークが存在すれば、ステップごとに情報伝達が試みられるから、たとえ情報価値が低く、一回当たりの伝達率が低調な場合でも、繰り返し伝達されるうちに、ついには伝播が生じるか

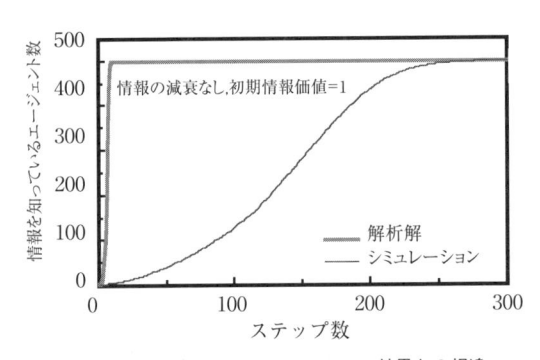

図 4.3.1-1 解析解とシミュレーション結果との相違

表 4.3.1-1 数値実験因子水準

対人接触伝播

因子／水準	1	2	3	4	5
エージェント数	100	200	300	400	500
初期情報価値	0.2	0.4	0.6	0.8	1.0
情報減衰パラメータ	10^{-10}	10^{-8}	10^{-6}	10^{-4}	10^{-2}

ネットワーク伝播

因子／水準	1	2	3	4	5
エージェント数	100	200	300	400	500
初期情報価値	0.2	0.4	0.6	0.8	1.0
一人あたりの知人数	1	2	3	4	5
情報減衰パラメータ	10^{-10}	10^{-8}	10^{-6}	10^{-4}	10^{-2}

ら、初期情報価値は有意な影響を及ぼさないのである。また、ネットワーク伝播で、エージェント総数に依存せず、一人当たりの知人数のみに明確な要因効果が認められることは、蜷川らの指摘[2]にも符合する。情報キャリアの保持する情報価値の平均値を特性値とした場合は、対人接触伝播、ネットワーク伝播ともに、初期情報価値にだけ要因効果が顕れている。常識的には、情報減衰パラメータに要因効果が顕れそうに思われるがごく小さい。それでも、対人接触伝播の方が大きくでるのは、末端の被伝達者に至るに、対人接触伝播の方がより多くのエージェントの介在を要するからである。このことは、対人接触伝播とネットワーク伝播の総平均値を見ても想像がつく。すなわち、同値の保持情報価値平均 0.6 を得るに、前者より後者の方が多くのエージェントに情報が伝

表 4.3.1-2 数値実験結果

対人接触伝播

因子	水準	情報キャリアの割合	情報価値の平均値
総平均		0.42	0.60
エージェント数	100	−0.41	0.00
	200	−0.25	0.00
	300	0.02	0.00
	400	0.27	0.00
	500	0.36	0.00
初期情報価値	0.2	−0.20	−0.40
	0.4	−0.04	−0.20
	0.6	0.04	0.00
	0.8	0.07	0.20
	1.0	0.13	0.40
情報減衰パラメータ	10^{-10}	0.00	0.00
	10^{-8}	−0.03	0.00
	10^{-6}	0.02	0.00
	10^{-4}	0.00	0.00
	10^{-2}	0.01	−0.02

ネットワーク伝播

因子	水準	情報キャリアの割合	情報価値の平均値
総平均		0.70	0.60
エージェント数	100	0.01	0.00
	200	0.01	0.00
	300	−0.01	0.00
	400	0.00	0.00
	500	0.00	−0.01
初期情報価値	0.2	0.00	−0.40
	0.4	0.00	−0.20
	0.6	0.00	0.00
	0.8	−0.01	0.20
	1.0	0.01	0.40
一人当りの知人数	1	−0.66	0.00
	2	−0.07	0.00
	3	0.19	0.00
	4	0.26	0.00
	5	0.28	0.00
情報減衰パラメータ	10^{-10}	0.00	0.00
	10^{-8}	0.00	0.00
	10^{-6}	0.00	0.00
	10^{-4}	0.01	0.00
	10^{-2}	−0.01	−0.01

わっている。換言すると、ネットワーク伝播の方が対人接触伝播より、効率的に情報を伝えうるということである。

(3) 大学－学会モデルアカデミックソサエティの盛衰予測

現在の経済的停滞に加えて、やがて訪れる人口減少と高齢化社会を考えたとき、我が国の繁栄を保つには、科学技術立国としての優位性を維持していく以外に有効な方法はないと思われる。そのためには大学をはじめとするアカデミックソサエティの健丈性を保持することが大変重要となる。これらに関しては、学会を核とする学問分野の縦割り化や大学の閉鎖性など多くの問題点が指摘されている。そこで、アカデミックソサエティを人工社会として構築して、そこで再現される様々な現象を観察してみた。

①大学－学会のカップリングモデル[4)5)]

研究者エージェントは研究ネタの散布する50×50メッシュのトーラス2次元平面を移動し、研究ネタを掘削することで論文を生産する。ネタの掘削は狭義の研究行為、移動は研究分野の検索を模擬している。研究者エージェントは年齢やこれまで発表してきた論文の質と量で決まる業績などからなる基本属性変数に加えて、研究者として論文数、2つの論文の質（狭く深い研究を表す質1と人気のある研究を表す質2からなる）、計3者のうちどれを重視するかを表す生得不変な価値観を有する。価値観を表す3つの重みに対応して、その研究者エージェントがそ

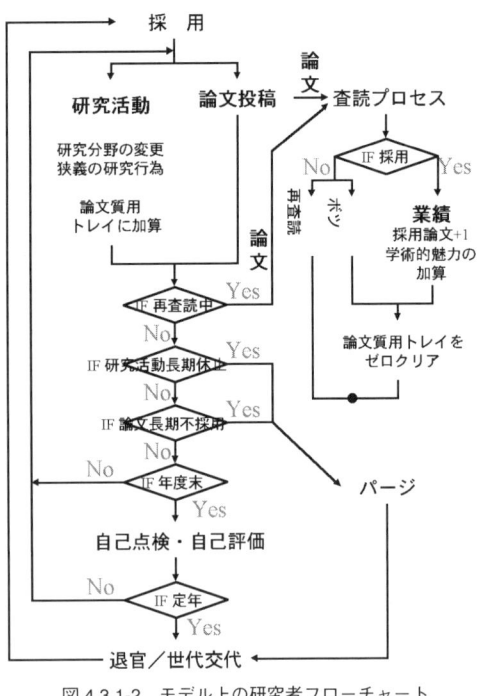

図 4.3.1-2 モデル上の研究者フローチャート

の1年間に獲得した業績が定義される。両者の積和を取った値を最大化すべく、研究者エージェントは論文を生産する頻度や人気のある研究分野を指向する、人のやっていない研究を指向するといった2次元平面上の移動ロジックを学習していく。研究者エージェントが論文を投稿すると学会は任意のエージェントを査読者として指名し、査読者は自己がこれまで発表してきた論文の質に比較して優れているか否かで論文採用か不採用かの判定を行う。研究活動を休止したり、論文を一定期間生産しない研究者はこの人工社会からパージされる。パージまたは、定年に達した研究者エージェントにより欠員が生じたときに、新規の研究者エージェントがこの人工社会に加入する。新規エージェントは、その時点で最も論文数の多い研究者、質の高い論文を発表している研究者、論文当たりの質に優れている研究者のクローンとして生成される。この人工社会上の研究者エージェントのフローを図4.3.1-2に示す。

　図4.3.1-2、図4.3.1-4は厳格な査読システムのもと新規研究者の選任基準を論文数とした場合の結果の一部である。厳格な論文査読が行われると、研究活動

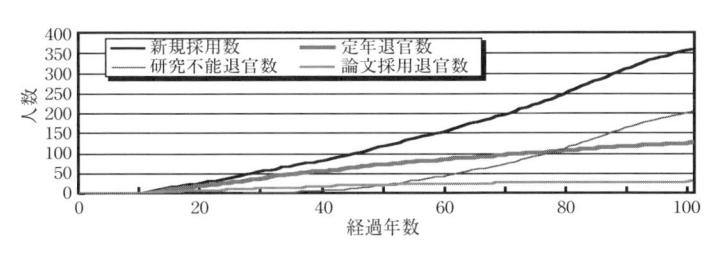

図4.3.1-3　退官者の構成

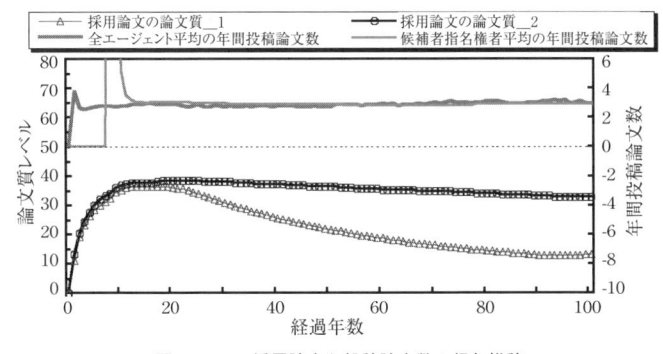

図4.3.1-4　採用論文と投稿論文数の経年推移

を休止すること、論文を発表しないことでパージされる研究者は定年退官する者よりも多くなる。また、論文質が低下し、対して緩やかに発表頻度が増え（論文数が増える）て行く様子がうかがえ、論文の粗製濫造化の萌芽が見て取れる。その他結果の詳細は文献[4]をご覧頂くとして、数値実験の要旨を述べると以下のようになる。一旦不採用となった論文に内容を付加して翌月に再投稿する機会を与える再査読システムを導入すると、若干採用率が上がるが論文の質的低下は発生しない。しかし、査読時の基準を曖昧にする（究極は投稿論文をフリーパスさせる）と論文は粗製濫造され、付随してパージ数も減少し、研究者コミュニティはぬるま湯体質になる。この学問的デカダンスを回避するには、新規研究者の選任基準を論文量だけでなく質を加味することがかなり有効である、等のことが再現された。

②大学における研究組織が研究効率に及ぼす影響[5]

　このモデルでは、研究組織の違いが研究活動遂行にどんな影響を及ぼすかを検討してみた。研究者エージェントは2つのレイヤー構造（研究フィールドと資金フィールド）を持つ50×50メッシュのトーラス2次元平面を移動する。2次元平面の一つには研究ネタが散布し、いま一つには研究資金が散布している。研究者エージェントは共通の座標で示される両平面（研究フィールドと資金フィールド）を移動し、研究活動継続に必須な研究ネタと研究資金を獲得する。獲得した研究ネタは研究成果を意味する。全てのエージェントには、獲得したネタと資金それぞれについてクリアすべき最低基準が課されており、それらを満たせない者はパージされ研究者としての生命を絶たれる。研究者は3種のエージェントに分類される。一匹狼、教授、助手である。エピソードの初期には全てのエージェントは一匹狼である。また、パージされた欠員を埋める新規加入エージェントも全て一匹狼である。一匹狼であれば、生存に必須なネタと資金の双方を自らで工面しなければならない。教授になれば自らの持つ研究ネタ獲得力を資金獲得力に転化し、研究資金獲得に専念できる。助手であれば、全てを研究ネタ獲得力に転化して、研究に専従する。このように教授と助手とは狭義の研究と資金獲得活動を分業することで共生関係が構築できる。各エージェントは行動のための戦略を持つ。行動とは、1)2次元平面上を移動するロジック（研究ネタのあるところを指向する／研究資金のあるところを指向する）、

2)一匹狼のとき助手公募にアプライする意志の強度、3)助手のとき上司の教授に不満を表明する強度、4)教授のとき配下の助手を抑圧する強度のことで、行動戦略とはこれら4つの行動を規定する確率を意味し、それぞれ[0,1]の実数値で表現される。各エージェントの行動戦略は、各自の研究成果を最大化すべく学習プロセスにより陶冶される。なお、助手の2次元平面上の移動はグループを主宰する教授の方針に盲従する。逆に言うと、教授の移動方針は彼の研究グループに所属する全ての助手に影響を与える。研究グループは従来的な講座のように所与の組織とするのでなく、ダイナミックに生成、消滅する組織とする。自己(自グループ)の研究成果に対して研究資金が余剰を来している一匹狼、もしくは教授(既に研究グループを主宰している)は、助手の公募をコミュニティ内に周知する。これに対し、研究成果に対して資金の不足を来している一匹狼でさらに行動戦略上、助手の願望が強い者は公募にアプライする。複数の応募者があった場合は、最も研究能力の高い一匹狼が助手として採用され、最初は教授が提示する成果収奪率(獲得した研究成果のうちどれほどを教授に上納するか)、資金分配率(教授が獲得した資金のうちどれだけを助手に分配するか)

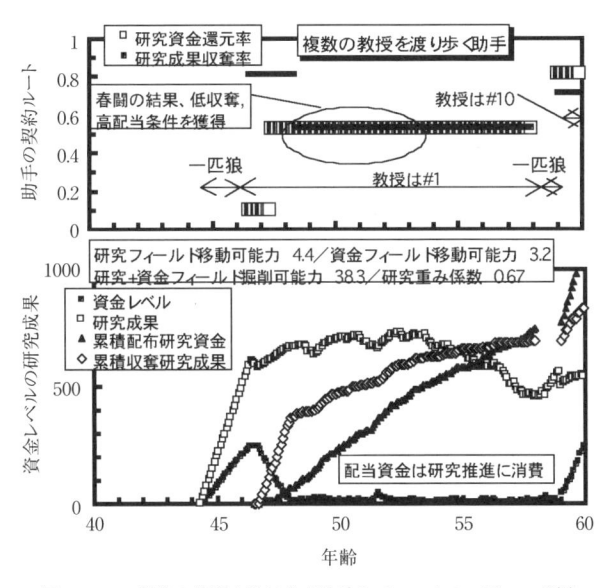

図 4.3.1-5　複数の教授を渡り歩く助手のパーソナルエピソード例

を受け入れて契約を結ぶ。成果収奪率と資金分配率は年一回もたれる教授対助手の直接交渉により見直される。成果収奪率と資金分配率が助手にとって片務的で、かつ、教授の行動戦略上彼の抑圧指向が強く、自らの行動戦略上教授突き上げ指向が強い場合には、彼は当該研究グループを離れてもとの一匹狼に戻る。全ての助手が逃散した研究グループは崩壊し、教授はもとの一匹狼に戻る。

　大略以上のようなモデルで、パラメータを様々変化させて、数値実験を行った。詳細は文献5)をご覧頂くとして、その概況を述べれば以下のごとくである。社会全体の研究成果を最大化するには、組織化せずに一匹狼の研究形態の方が効率的であるが、無能者(研究ネタ、資金獲得両方が出来ない者)は容赦なく切り捨てられる過酷な社会状況となる。研究グループを組織することは、役割分担の発生を意味し、各自はその適性に応じた貢献をすれば研究者として生存の余地が出てくる。グループの研究活動指針は教授の意向次第であり、例えば、

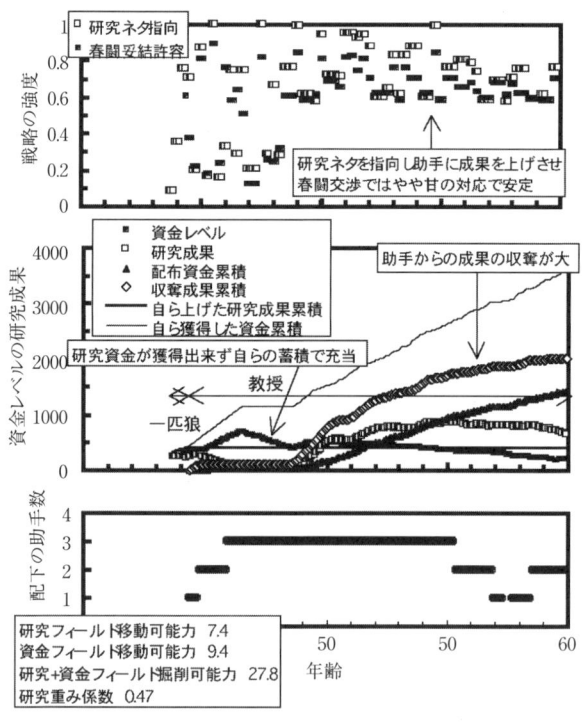

図 4.3.1-6　収奪に長けた教授のパーソナルエピソード例

あるときは研究ネタ指向、次の瞬間には研究資金指向という具合に方針が定まらなければその惨禍は配下の助手にも影響を及ぼしてしまう。これが研究グループを組織すると不効率さを生む因である。従って、教授は配下の助手にリジッドに研究指針を指示することを控え、ルーズな研究グループを許容するならば、組織化のメリットが出てくる。

マルチエージェントシミュレーションでは、以上のような社会全般の動向を観察することも重要であるが、各試行中の特定エージェントを抽出して、彼の行動の軌跡を観察することでモデルの適性などが判断出来る。以下では、この事例で興味深いパーソナルエピソードを見てみよう。

図 4.3.1-5 は複数の教授を渡り奉公した助手の例である。教授 #1 の定年退官後に若干一匹狼の時代を挟むが、自らの定年は教授 #10 の助手として迎えている。教授 #1 との雇用関係では、当初、高収奪率かつ低還元率で、彼にとって望ましい状況ではなかったが、教授との労使交渉（春闘）の結果、両者が歩み寄って、その後、ほぼ一定の値で推移している。彼の 48 歳以降の資金レベル収支が低調なのは、教授 #1 からの配分資金を全て自らの研究推進に充当しているためである。研究に真摯な助手といえる。

図 4.3.1-6 は収奪に長けた教授の例である。"収奪に長けた"と云ったのは、過去累積の配分資金レベルよりも、過去累算の収奪研究成果の方が大きいからである。この教授は最大時 4 名の助手を雇用し、自らの研究成果も良好である。研究ネタ指向強度と春闘妥結許容度の推移を見えると、50 歳を過ぎる頃から、学習の結果、自らの処世術を確立していることがわかる。つまり、比較的高い研究ネタ指向強度と春闘妥結許容度の組み合わせで処すると云うもので、これにより配下の助手に存分に研究させ、収奪はするが、突き上げを喰った際には、甘めの対応をし、収奪率の低減、配分率の引き上げを認めてしまうと云うやり方である。

〈谷本〉

参考文献

1) 谷本潤、藤井晴行；マルチ・エージェント・シミュレーションによる情報伝播特性に関する一考察、MAS ワーキングドキュメント（構造計画研究所 web ページ URL： http://www2.kke.co.jp/mas/MAScommunity_output.html）、2000.8
2) 蜷川繁,服部進実；うわさモデルにおける情報の伝搬について, 知能と複雑系 117-11, pp.73-78,

1999
3) 谷本潤、藤井晴行、片山忠久、萩島理；情報理論を適用した離散型シミュレーションによるテーマパーク解析に関する一考察、日本建築学会計画系論文集 No.542, pp.279-284, 2001
4) J.Tanimoto, H.Fujii, Y.Miura and A.Hagishima ; Is There a Significant Relationship between the Pressure to Publish and the Health of Academia? A series Studies on the Up-and-Down Prospects of Academic Society, COMPLEX SYSTEMS 2002, pp.253-260, 2002
5) J.Tanimoto and H.Fujii ; Which is more efficient professor who is leading his research group or one who is working alone? A series Study on the Up-and-Down Prospects of Academic Society, COMPLEX SYSTEMS 2002, pp.384-389, 2002

4.3.2 顧客満足度を考慮した建築構造目標性能指標の設定法

(1) はじめに

阪神淡路大震災では多くの建物が倒壊し、大きな被害を受けた。その中で一般の人と構造設計者との間での被害に対する意識の違いがクローズアップされ、性能設計への大きなステップとなった。性能設計では、性能をどう設定するかが重要である。ここでは共同住宅の耐震性能について考えるが、コストと耐震性能との間にトレードオフの関係があり、また、共同住宅では、多くの人が住んでおり、一人一人の性能に関する考え方も違っており、構造設計において目標性能値を設定することは容易ではない。本項では、このような複雑系を有する問題に対して、住民へのアンケートをベースにして、ファジィ理論や、ニューラルネットワークを用いた合理的な目標性能値の設定法の取り組みについて紹介する。

(2) 耐震性能に対する満足度アンケート調査

耐震性能目標値を設定するに当たって、一般の住民がどこまで建物被害を許容できるか、コストアップを許容できるか、コストと耐震性能とどちらを重要視しているか、等を知ることが大切である。そこで、中高層団地

表4.3.2-1 主なアンケート項目

質問[1] ：販売価格と耐震性能の相対重要度
質問[2] ：販売価格と補修費用の相対重要度
質問[3] ：耐震性能と販売価格のアップ率の関係
質問[4] ：購入した建物グレード
質問[5] ：販売価格増大率と満足度
質問[6] ：地震被害による補修費用と満足度
質問[7] ：地震による被害状況
質問[8] ：満足度の表現に対する数値評価
質問[9] ：地震の大きさの相対重要度
質問[10]：販売価格と家具・備品の被害の相対重要度

約 660 世帯を対象にアンケートを行った。アンケートは、写真 4.3.2-1 〜 4.3.2-6 に示す建物被害写真[1]を見ながら答えてもらうかたちで行った。主なアンケート内容を以下に示す。

写真 4.3.2-1 （層間変形角 1/300）

写真 4.3.2-2 （層間変形角 1/200）

写真 4.3.2-3 （層間変形角 1/150）

写真 4.3.2-4 （層間変形角 1/125）

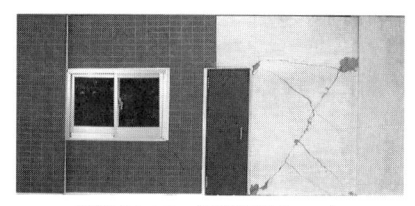

写真 4.3.2-5 （層間変形角 1/90）

写真 4.3.2-6 （層間変形角 1/50）

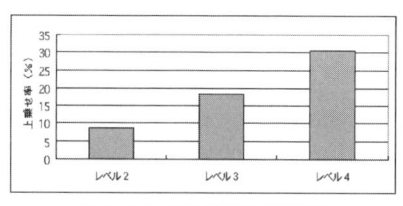

図 4.3.2-1 質問[3]の回答結果

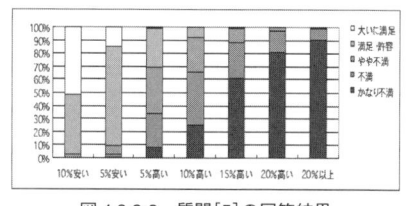

図 4.3.2-2 質問[5]の回答結果

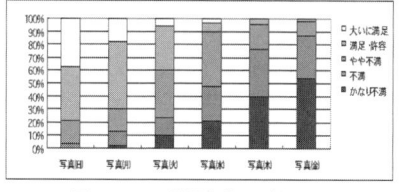

図 4.3.2-3 質問[7]の回答結果

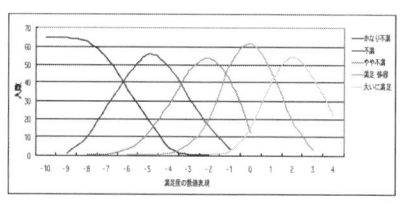

図 4.3.2-4 質問[8]の回答結果

合計 108 件の回答を得ることができた。主な質問の回答結果を図 4.3.2-1 ～図 4.3.2-5 に示す。尚、アンケートでは一般の方に分かりやすくするために販売価格という表現を用いているが、次節以降では、初期コスト (＝販売価格)と読み替えることにする。また、満足度(許容度)は、言語表現で行い、「大いに満足」から「かなり不満」までの 5 つに分類し、その言語表現を質問[8]で数値変換している。

(3) ファジィ理論による満足度の数値化
　満足度(許容度)は、曖昧さを含んだ言語表現であり、ファジィ理論で扱うのが合理的である。ここではアンケートの質問[7]の極大地震を受けて、写真 4.3.2-4 の被害を被った時の満足度の数値変換を例に述べる。満足度の数値表現はアンケートの質問[8]の結果より推定できる。図 4.3.2-4 に示した結果の、縦軸を 0 から 1 までの割合(推定値)に変換し、三角形および台形のグラフに変換する。横軸は、「かなり不満」の頂点(－10)を 0、「満足・許容」の頂点を 1.0 に変換する。変換させた図を図 4.3.2-5 に示す。

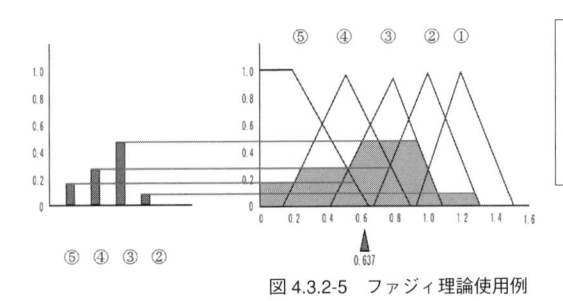

| ① 大いに満足 |
| ② 満足・許容 |
| ③ やや不満 |
| ④ 不満 |
| ⑤ かなり不満 |

満足度の数値評価

図 4.3.2-5　ファジィ理論使用例

　図 4.3.2-5 の左の棒グラフは、質問[7]の極大地震を受けて、写真 4.3.2-4 の被害を被った時の満足度を、各満足度に対する度数分布で示し、横軸に各満足度を表したものである。右の図は各満足度に対する数値分布であり、棒グラフの高さで頭切りしてできた図形の重心の位置が、質問[7]で極大地震を受けて、写真 4.3.2-4 の被害を被ったときのアンケートに答えた住民の満足度の値になる。この場合、図 4.3.2-5 の▲の部分が重心の位置になり、値は 0.637 である。

(4) 各満足度と層間変形角

今、耐震性能に関連する要因として、被害レベル、初期コスト、補修コストの3項目を考えるとする。被害レベルと初期コスト・補修コストとは、性質が異なるためにそのまま扱うことはできない。そこで、同一の評価軸として満足度を採用する。また、目標構造性能値として層間変形角を使用する。従って、被害レベル満足度、初期コスト満足度、補修コスト満足度と層間変形角との関係を求める必要がある。本書では、これらの関係を述べる紙面がないため、ここでは、結果だけを図4.3.2-6～図4.3.2-8に示す。縦軸に各満足度、横軸に層間変形角をプロットしたものである。詳細は、巻末の文献[1)2)]を参考にしてもらいたい。

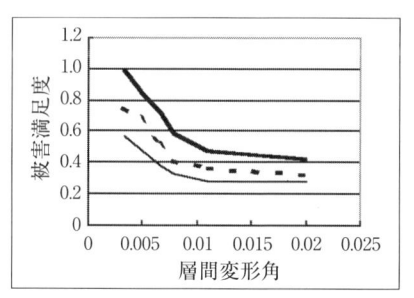

図4.3.2-6：被害レベル満足度と層間変形角（レベル3）

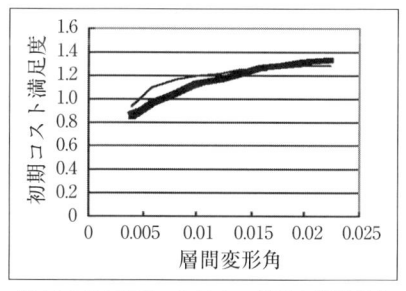

図4.3.2-7：初期コストアップ率と層間変形角（レベル3）

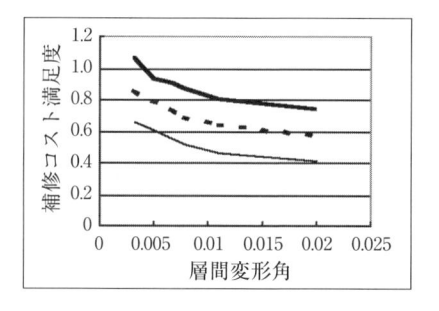

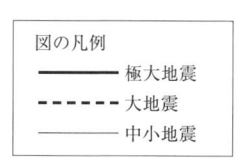

図4.3.2-8 補修コスト満足度と層間変形角（レベル3）

図の凡例
― 極大地震
--- 大地震
― 中小地震

(5) 目標設計指標の設定

総合的耐震性能満足度は、被害レベル満足度、初期コスト満足度、補修コスト満足度を、それぞれの項目の重要度である重みを考慮して足し合わせることにより求めることができる。それぞれの項目の重みは、アンケートの一対比較結

果より求める。質問[1]の結果から初期コストと被害レベルの重みを算出する。質問[2]の結果から初期コストと補修コストの重みを算出する。

今、被害レベルと初期コストの重みを $w1：w2$ とし、初期コストと補修コストの重みを $w2'：w3$ とすれば、被害レベルの重み wd、初期コストの重み wc、補修コストの重み wm は下式で与えられる。

$$wd = w1 \cdot w2' / (w1 \cdot w2' + w2 \cdot w2' + w2 \cdot w3)$$
$$wc = w2 \cdot w2' / (w1 \cdot w2' + w2 \cdot w2' + w2 \cdot w3) \qquad (1)$$
$$wm = w2 \cdot w3 / (w1 \cdot w2' + w2 \cdot w2' + w2 \cdot w3)$$

式(1)より各性能項目の重みを算出することができる。結果を表 4.3.2-2 に示す。

表 4.3.2-2 アンケートにおける各性能項目の重み

性能項目	被害レベル	初期コスト	補修コスト
重み	0.301	0.398	0.302

総合的耐震性能満足度は、各性能項目の重みを考慮して下式で与えられる。

$$\mu t(n, 1) = wd \cdot \mu d(n, 1) + wc \cdot \mu c(n, 1) + wm \cdot \mu m(n, 1) \qquad (2)$$

μt ：総合的耐震性能満足度　　μd ：被害レベル満足度
μc ：初期コスト満足度　　　　μm ：補修コスト満足度
wd ：被害レベルに対する重み係数
wc ：初期コストに対する重み係数
wm ：補修コストに対する重み係数

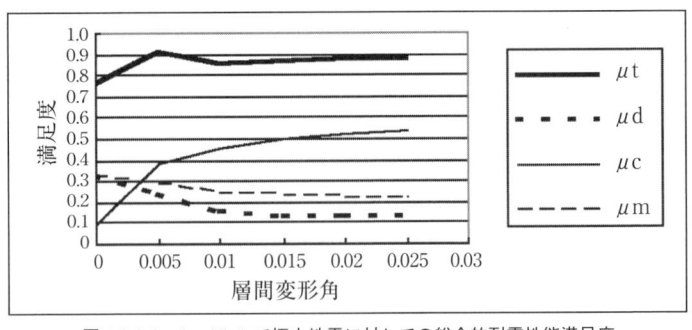

図 4.3.2-9 レベル3で極大地震に対しての総合的耐震性能満足度

建物グレードレベル3で極大地震の場合、式(2)より算出された結果を図4.3.2-9に示す。

いま、仮に7割の人が満足もしくは許容できる範囲であるとして目標とする設計指標の範囲を定める。全体の7割以上の人が満足もしくは許容できるときの満足度の最低値は図4.3.2-4の満足度と数値との関係を使って、満足・許容とした人の割合が0.7の所として図4.3.2-10のように求めることができ、値は0.903である。したがって、目標設計指標の範囲は図4.3.2-9の総合的耐震性能満足度の値が0.903以上である層間変形角の範囲を求めればよい。このとき、目標設計指標の範囲は、層間変形角が1／300～1／160であることがわかる。この値を目標設計指標として設計を行えばよいことになる。

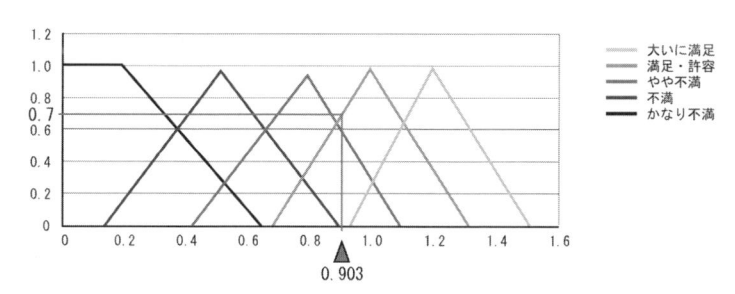

図4.3.2-10　レベル3で極大地震を受けた時、7割以上の人が満足もしくは許容だと思う目標設計工学量

(6) おわりに

本項では、共同住宅という利害関係が複雑な中で、耐震設計を行う上で目標とする設計指標を、ファジィ理論を用いてアンケート調査結果から設定する方法を紹介した。社会的合意形成は、これからの非常に重要なテーマであり、本項の方法は、有効な手法になると思われる。

〈堤〉

参考文献
1）堤和敏、薦野和彦、林和也、寺岡勝、瀧澤重志、谷明勲、河村廣：顧客満足度を考慮した目標設計工学量の推定法に関する研究、第23回情報・システム・利用・技術シンポジウム、2000年12月、pp.199-204．
2）堤和敏、平田毅、太田優子：ファジィ理論を用いた耐震性能満足度評価法、第24回情報システム利用技術シンポジウム、2001年12月、pp.121-126．

4.4 複雑系マネジメント

　わが国においても、経営工学分野ならびに製造業の経営システム等を対象として複雑系マネジメントに関する研究がおこなわれている。しかし、建築の生産活動における複雑系マネジメントの研究は、まだ、ほとんど行われていない。しかし、建築生産においても、コンピュータ通信のネットワークにより濃密な情報交換を行う集団の中には、複雑系としての特質を顕著に示すものが出現している。この節では、このような複雑系生産集団の事例をとりあげ、建築生産の複雑系マネジメントについて論じることにしよう。

4.4.1　コンピュータで結ばれた建築生産集団における自律的な管理組織の形成

(1) インターネットで結ばれた複雑系人間集団の生成

　近年、IT 技術の発展と普及はめざましいものがある。ネットワークで結ばれたコンピュータと、これによる通信により、人と人、企業と企業、産業と産業の間のコミュニケーションの方法が激変し、長い間に培われてきた組織や体制が激しく崩壊し、新しい枠組みに変わって行く。その変化があまりにも急激であり、その過激さから、これを「IT 革命」とも呼ぶ。

　ここで IT 革命と呼ぶものの本質は、インターネット、携帯電話の i モードなど、ネットワークで結ばれたコンピュータ通信を基盤とする、社会、産業、人間集団などの急激な質的な変化にある。これらコンピュータならびに通信技術の発達により、時空を超えたコミュニケーションが可能となり、インターネットや i モードにより、遠距離に離れた人と人の間で、即座にコミュニケートすることが可能となった。

　このような時空を超えた情報の交換が頻繁に行われるようになると、この情報のコミュニケーションによって、強く結ばれる集団が自然発生的に生成してくる。この集団は、だれかに統制されているわけではなく、ごく自然に集まった集団であり、実体としては一つの企業ではないが、時には一つの企業以上に統制のとれた経営目的に沿った行動を示す。ここでは、これをバーチャルエン

タープライズと呼ぶ。この集団は、一般に、その境界が不明確であり、自由に参加し自由に去っていくのが本来の姿である。また、このバーチャルエンタープライズは、その構成要員の相互の頻繁な情報交換と情報共有がもたらす強い相互作用から、複雑系としての性質を顕著にあらわすようになる。

(2) 高度コンピュータ利用社会における複雑系集団の出現
a. 出現した複雑系企業集団

ところで、このような複雑系の特徴を顕著に示す建築生産集団が、すでに現れてきている。それは鹿児島建築市場とよぶ集団である。鹿児島建築市場は、鹿児島県で生まれた小規模木造住宅建設者160社の集団であり、インターネットとイントラネットで結ばれ、共通のCADを用いて設計図を書き見積書を自動的に生成させ、資材量を集計して電子発注して一次問屋から資材を購入し、この資材を共同の物流センターを経由して共同巡回配送して商流、物流の合理化に成功し、Webカメラの画像で工事現場を確認し、ホームページの掲示版一つで円滑な工事管理を実現させている。

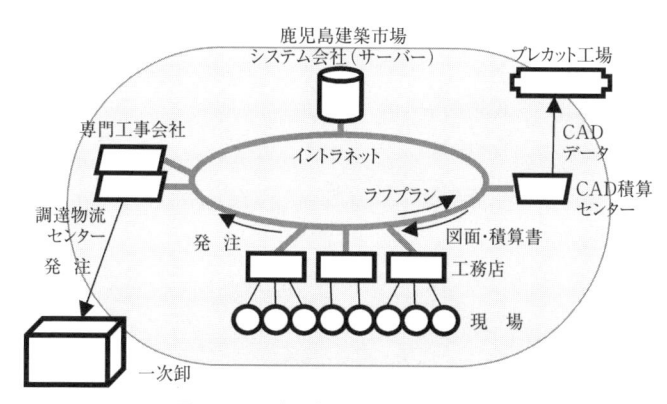

図4.4.1-1　鹿児島建築市場の組織構成

b. 秩序の自己組織化による自律的秩序の生成
1) ホームページとWebカメラの活用による自己組織化 [10]

この鹿児島建築市場における工事現場の管理では、ホームページとWebカメラを中核として進められている。まず、グループとしての共通の標準工程を

設定し、その各工程で必要とする資材のリストをデータベースに登録する。

　また、各工事の着手前に、一度、中核となる関係者が集まって、基本となる日程を決めるが、その後、関係者が集まるということはない。その他の作業者は携帯電話で電話し、Webカメラを通じてモバイル端末で、現場の状況を確認し、自分の行く日を登録している。この画面は関係者全員が見ており、ホームページ上で、必要な調整が行なわれる。当日は予定通り作業し、作業終了をホームページに記載する。これで計画通り工事が進行して行き、遅延することはほとんどない。すなわち、ここでは秩序が自己組織化している。

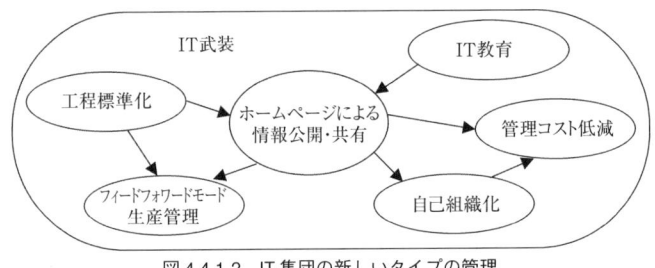

図 4.4.1-2　IT 集団の新しいタイプの管理

2）フィードフォワードモード管理[10]

　鹿児島建築市場で各現場の着手前、最初に工程表を作るときに集まっているのは、大工、サッシ店（納材）、水道、ガス、電気、調達・物流センター、住設機器、材木店、基礎工事店の9業種である。この人達で、一度、綿密な打ち合わせをおこなうが、これ以後、よほど特別のことがないかぎり顔を合わせるということはない。マンションの工事現場で普通に行なわれている「3時の打ち合わせ」というような打ち合わせ会は行なわないのである。このように前日の打ち合わせ会で翌日の計画を最終決定する管理は、「フィードバックモード管理」と呼ばれるものであるが、鹿児島建築市場における管理は、自動化の進んでいるオートメーション工場等が行なっている「フィードフォワードモード管理」である。すなわち、予定を変更しない管理である。ここでは、その現場の工程が一日早くなることよりも、職人各人の予定がたつことの方を重視するのである。工事が順調に進んで早く終わっても早く始めることはない、最初の予定通り始めるのである。

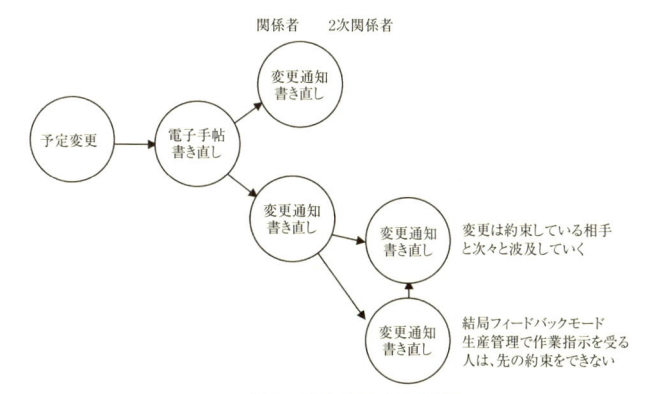

(i) フィードバックモード生産管理

(ii) フィードフォワードモード生産管理

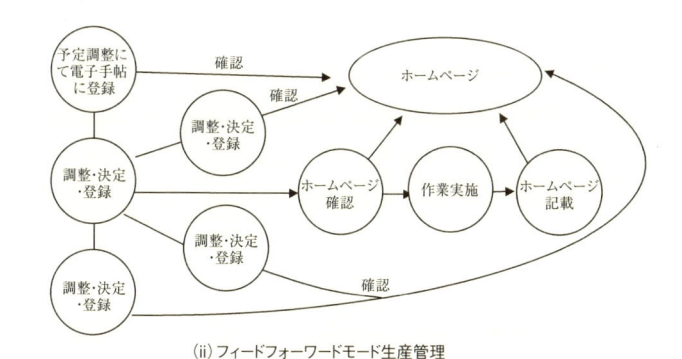

図 4.4.1-3　フィードバック管理とフィードフォワード管理

3) 複雑系の自己組織化

　ここではイントラネットとホームページで毎日仕事をしている集団の持つ不思議な連携がある。これは相互作用が強い要素の集団に発生する複雑系としての秩序である。ここでは階層組織の上位者からの指示による管理ではなく、秩序が自己組織化して内部から生成している。この集団が、このような秩序を獲得したのは、集団の構成員が全員インターネットを使い、その利用が日常化しているためであり、この秩序は IT の情報連携がもたらしたものである。

c．ボトムアップ型マルチプロジェクトコントロール

　建築生産において、多数の工事現場を統合的に管理することをマルチプロジェクトコントロールと呼ぶが、鹿児島建築市場では、複雑系による自己組織化

により、注目される総合的な管理を実現している。

a．従来のマルチプロジェクトコントロール

　建築生産における、このマルチプロジェクトコントロールは、かつて建設業において、技能労働者が不足していた頃に、実施されていたものである。ここでは、多数の工事現場の各職種の毎日の作業量を集計して工数山積み図を作り、この上で、日程に余裕のある工事現場の工程を移動させて、山の高いところを山ならしして、総作業者数を平準化して安定雇用をはかり、作業者不足に対処するとともに、作業者の年収を確保するのである。

　ここでは一定期間、自社の複数現場の何処かに、作業者が滞在して仕事をしていることを前提にしている。すなわち、階層組織化による、多数工事現場にまたがる臨時の経営組織の形成を目標にしている。

b．自律的で総合的な生産活動

　これに対して鹿児島建築市場では、各職人は、様々な客先の工事現場に行っており、鹿児島建築市場の参加企業の工事現場に作業にくるのは、一ヵ月の内のごく僅かな期間であることを前提にしている。すなわち、ここでの管理は、ボトムアップの「手帳型の管理」である。各職人は、自分の日程の空いている日を電子手帳（手帳）で調べ、その工事現場の全体工程で望ましく、自分の日程も空いている日を選び、ホームページに登録し、自分の電子手帳（手帳）に記載する。鹿児島建築市場では、先に述べた9職種以外は、このようなインターネット情報交換で、自分の工程を決めている。

　この予定は、お互いに協力して、もう変えない。このようにして、工事現場の全体工程は、各人が予定をとった形で確定する。ここでは各人は、一定工事現場に一定期間滞在することを前提にしておらず、工事現場ごとに階層組織を形成してトップダウンの計画と管理をおこなうものではない。計画はボトムアップに生成され、運営管理もホームページとWebカメラによる情報の共有によりボトムアップで行われるのである。ここでは、各人の効率向上と遊びなく毎日仕事をする計画は、各人が自分の計画として作るのであり、マルチプロジェクトコントロールの管理者が計画しているわけではない。この点が、前記の従来型のマルチプロジェクトコントロールとは根本的に異なっている。

　このようなボトムアップ型の自律的総合的な生産活動では、その作業者の仕事

量のグループ内での総量が、その人を一定期間確保できるだけ、十分に多くなくても機能できる。また、鹿児島建築市場では、現場の工程が途中でほとんど動かない。そのように作業日が固定された現場が、1ヵ月の内、2/3位あると、この人の一ヵ月の仕事は、きわめて予定がたつのである。予定通り仕事ができる。だから、その現場にも、予定したとおり必ず行けるのである。

各人が自分の都合の良い日で、現場の方でも都合の良い日が、あらかじめ自然に調整されており、この予定が動かないから、各現場も予定通り終了し、各人も予定通り仕事をこなすことができるのである。これはボトムアップの総合的秩序の形成であり、多数プロジェクトを総合したコントロールの自動化（計画調整の自動化と秩序の自己組織化）であるとも言える。

(3) 建築市場集団の複雑系としての振る舞い

鹿児島建築市場の人間集団は、複雑系をなすエージェントの集団として、自己組織化以外にも、複雑系のもつ様々な性質を顕著に示している。

①鹿児島建築市場集団の創発性

鹿児島建築市場の集団を、吉永の複雑系の定義「無数の構成要素から成る一まとまりの集団で、各要素が他の要素とたえず相互作用を行なっている結果、全体として見れば部分の動きの総和以上の何らかの独自のふるまいを示すもの[4]」に基づいて記述すると以下のごとくになる。すなわち、「鹿児島建築市場は、多数の工務店、専門工事業者、建材問屋、建材メーカー、CAD・積算・管理

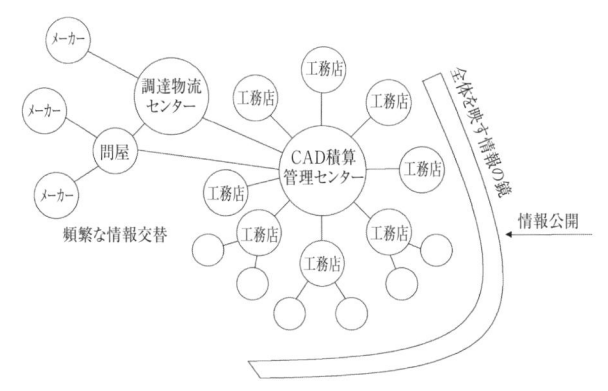

図 4.4.1-4　エージェントのネットワーク、複雑系をなす鹿児島建築市場

センター、調達・物流センター、基幹情報センターなどの構成要素から成る一まとまりの集団であり、インターネットならびにホームページを介して各要素が他の要素とたえず相互作用を行なっている結果、全体として各企業ならびにそれに所属する個人の能力の総和以上の全体的で独自な振る舞いが生成している」と言える。また、鹿児島建築市場は、知的な自律的コンピタンスを持つ経営者、技術者、職人などの個人と様々なタイプの企業を構成要素とするネットワークであり、数多くの組織化のレベルを持つ。また、この組織化は階層組織のような硬い組織ではなく柔軟であり、その境界に壁を持っていない。これが、この集団が優れた特性を発揮する要因となっている。

また、この集団は複雑系としての適応・学習のメカニズムを持ち、各エージェントは、周囲の他の振る舞いをインターネット、ホームページ、Webカメラを通じて知り、これと関連を持ちながら、常に自らを改良している。これが、この集団に自己組織化をもたらす創発性の実体である。鹿児島建築市場が、進化が早いのは、外部（例えば、早稲田大学と建築市場推進集団の産学共同研究である『建築市場研究会』など）からの情報を受信して、これを研究会参加者が、グループ内のCAD積算管理センター、基幹情報センターのネットワーク等を通じて集団の中に埋設し、各エージェントがネットワークの更新と情報交換を通じて、絶えず見習いながら感受し、各自が常に自己を改良しているからである。すなわち、鹿児島建築市場集団は、複雑系として開かれたシステムであり、新しい可能性が常にシステムそのものから自発的に生成している。

②デファクトスタンダードの生成

米国の経済学者、W．ブライアン、アーサー[2)6)]は、複雑系における創発性が「ロックイン（市場の殆どを固定化すること）」を引き起こすことを、経済学の見地から指摘している。このロックインにより、これまでとは異なる急激な市場の寡占がもたらされる。また、この市場の寡占は、様々な局面においてデファクトスタンダード（ある商品ないし行為が事実上の標準となること）を発生させる。

今後、建築市場集団が全国に展開し、設計者、施工者、建材メーカー、問屋、その個人と企業がコンピュータネットワークで結ばれた集団として複雑系の特徴を示すようになると、自己組織化が急速に進展し、様々な局面でデファクト

スタンダードが派生して来るものと思われる。

③業務処理過程の共通化

　鹿児島建築市場の集団においても、各エージェントが他の振る舞いと関連を持ちながら自己変革させていく複雑系の性質は、各エージェントの行動の均質化をもたらす。すなわち、ネットワークで情報を高密度で交換し、公開情報を共有して生産活動をおこなっていくことにより、各エージェントの業務処理の共通化が進み、生産の諸活動を支援するコンピュータソフトウエアにおけるデファクトスタンダードの共用が、これに拍車をかけていくだろう。従来の教育、訓練とは異なる複雑系のもつ創発性が、構成員をシステムとして教育訓練していくだろう。すなわち、この集団は、複雑系としての集団全体で、その頻繁な情報交換を通じて、教育訓練機能を創発する。これは、これまでの教育訓練組織(担当者)による教育訓練とは、基本的に異質のものである。

④商品(住宅)・部品、情報、サービスの共通化と共進化

　生産の諸活動における業務処理過程の共通化は、その生産過程で用いられる、または産出される商品・部品、情報、サービスの共通化を促進する。また、これら業務処理過程と商品(住宅)・部品(建材)・サービス等の共通化を通じて、両者(プロセスと商品・部品)の共進化(影響を与え合い共に進化すること)が進展することが期待される。

〈椎野〉

参考文献

1) 松岡正剛ほか：複雑性の海へ、NTT出版、1994.03
2) W.Brian Arther: Complexity in Economic and Financial Markets, The journal Complexity, Vol1, no1,1995. 04
3) M. ワードロップ、田中三彦ほか訳：複雑系(Complexity, the emerging science at the edge of order and chaos)、新潮社、1996.10
4) 吉永良正：「複雑系」とは何か、講談社現代新書、講談社、1996.12
5) 田坂広志：複雑系の経営、東洋経済新報社、1996.10
6) 週刊ダイヤモンド編集部：複雑系の経済学、ダイヤモンド社、1997.02
7) 中村雄二郎：術語集・、岩波新書、pp.98、164、1997.06
8) 椎野　潤：マルチプロジェクトコントロールシステム、施工、彰国者、1999.08
9) 椎野　潤：バーチャルエンタープライズをめざした個別設計即時自動生産システム、複雑系における建築生産システムに関する研究(その1)、日本建築学会情報システム技術委員会、第20回情報システム利用技術シンポジウム論文集、1997.12
10) 椎野　潤：建設ロジスティクスの新展開、IT時代の建設産業変革への鍵、彰国社、2002.02

索　引

【あ行】

アーサー・バークス　77
アイソレータ　116
iDC（インターネット・データセンター）
　　　　　　　　　　　133
iDC イニシアティヴ　133
IT モデュロール　138
アトラクタ　94, 121
アナロジー・モデル　135

意外性　122
意思決定　175
位相空間　12, 14, 94
位相平面　94
遺伝子型　85
遺伝的アルゴリズム　17, 84
Integration の理論　132

H.E.ハースト　123
H 指数（ハースト指数）　123
エージェント　75
SWARM　63
MAN　136

応用展開モデル　132
重み係数　88

【か行】

階層型ネットワーク　89, 90
カオス（chaos）　2, 4, 9, 15, 92, 95, 115
カオスアトラクタ　120
カオス力学系（Chaotic Dynamical System）
　　　　　　　　　　　115

科学　72
活断層　134
カントールの3進集合　101

機械の箱　131
キッティング　134
キャスティ　72
Casti（キャスティ）の定義　2, 8
教師ベクトル　91
協調　49
局所的　75

空間的変動曲線　124
クライアント／サーバー・システム　132
クリストファー・ラングトン　80
クレイグ・レイノルズ　81

交叉　85, 86
行動　75
高密度波長分割多重　136
コーディング　85
骨組形状生成　106, 109
コッホ曲線　101
コンパクト・シティ　144

【さ行】

最適化　84
サプライチェーン　56
サンタフェ研究所　2
SAN（Storage Area Network）の概念　132

シームレスな環境　135
ジェントリフィケーション　57
しきい値　88

212

自己相似　16, 19, 93, 99
自己組織化　57
システム・ダウン　134, 135
システム・モデル　132
次世代複雑系データセンター
　　　（Integrating Data Center）　131
実数値GA　87
ジップの法則　54
Synergetics理論　132
シミュレーション　55, 174
シミュレータ　63
社会現象　72
社会システム　186
社会のインフラ　135
ジャパニーズアトラクタ　95, 96
周期倍化分岐　92
樹形図　98
如庵　19
書院風茶室　126
George Cowan　2
初期コスト　201
ジョン・ホートン・コンウェー　77
自律的　49
Sierpinskiの三角形　97, 100, 101
人工社会　63
人口順位　54
振動系　115

スケール変換解析　123
スケジュール調整　56
StarLogo　63
スティーブン・ウォルフラム　79
ストレージ　132
スプロール　55

性能設計　198
積層アーチ　99, 106, 109, 111, 112, 114,
セル・オートマトン　77
セルラーオートマタ　55
染色体　85, 176
選択　85, 86

千利休　122

苗庵茶室　126
層間変形角　201
相互結合型ネットワーク　90
相互作用　51, 72
相互情報量　81
創発　63, 75, 186

【た行】

耐震性能　201
対話型GA　87
多階層モデル　138
宅地再配置モデル　151
宅地の圧力度　148
多層パーセプトロン　138
建物グレード　203
Duffingの方程式
　　　（ダフィンの方程式）　95, 116
WDM　136
多目的GA　87

知覚　75
茶室　122
昼間人口　180

DWDM　136
低調波共振　96
データ爆発　134, 136
適応度空間　85
デジタル環境　131

動的安定　50
トグル化　135
都市の成長　179, 180
土地利用　55, 175
突然変異　85, 86

【な行】

入出力特性　88
ニューラルネット　17
ニューラルネットワーク　88
ニューラルネットワークモデル　138
ニューロユニット　88
ニューロン　88
人間―環境―社会システム　186

ネットワーク・トポロジー　136

ノイマン近傍　146
ノン・リニア　137

【は行】

Hausdorff 次元　99, 100, 101, 102
場所貸し業　132
波長分割多重　136
バックプロパゲーションアルゴリズム　88
パレート最適　87
反復関数　106, 108

被害レベル　201
非可逆性　138
非周期性　120
非整数次元　99
非線形　96, 118, 119, 137
非線形挙動　115
非線形振動方程式　116
非線形な行動　50
ピュアーカオス　92
表現型　85
ビルディング・タイプ　131

ファイバー光学　136
ファジィ理論　200
フォン・ノイマン　77

複雑系科学　72
複雑な振る舞い　138
部分的規制　53
ブラウン・ノイズ　129
フラクタル　2, 4, 15, 97, 99, 100, 102, 106, 111
フラクタル次元　100, 123
フラクタルトラス　15, 106

ヘテロジニアス SAN　137
Benoit B, Mandelbrot
（ベノイ B, マンデルブロ）　97

ポアンカレ写像　94, 95, 96, 120
ポイズ　81, 82
補修コスト　201
捕食方程式　96
Box-counting　102
ホワイト・ノイズ　129

【ま行】

MAS　63
マルチエージェント　2, 174
マルチエージェントシステム　75
マルチエージェントシミュレーション
　　　　　　　　　　63, 186, 197
満足度　200
マンデルブロの集合　101

ミクロ―マクロ間相互作用　73
妙喜庵待庵　124

ムーア近傍　146
無味乾燥な箱　133

メインフレーム　132
メメ・ファシスト　18
免震構造　134
免震構造物　115

目標性能　198
モンタドーリ出版社本社　20

【や行】

誘導都市　46
有目的的　75
ユニット　88
ゆらぎ　10, 50

【ら行】

ライフゲーム　77
λパラメータ　80
ランダムウォーク　181, 189

離散型シミュレーション　186
リズム　122

Runge-Kutta 法　116

Lowry モデル　175
ロジスティック写像　92, 93

【わ行】

ワークショップ　135
渡辺誠　17

本書作成関係委員
―(五十音順・敬称略)―

情報システム技術委員会

委員長	河村	廣	神戸大学工学部　教授
幹　事	朝山	秀一	東京電機大学工学部　教授
	木村	謙	エーアンドエー(株)開発部長
	新宮	清志	日本大学大学院情報科学専攻　教授
委　員	(略)		

複雑系小委員会

主　査	朝山	秀一	東京電機大学工学部　教授
幹　事	藤井	晴行	東京工業大学大学院理工学研究科　助教授
委　員	奥	俊信	北海道大学大学院工学研究科　教授
	河村	廣	神戸大学工学部　教授 (2003年3月まで主査)
	椎野	潤	早稲田大学アジア太平洋研究センター　教授 (2003年3月まで幹事)
	新宮	清志	日本大学大学院情報科学専攻　教授
	瀧澤	重志	京都大学大学院工学研究科　助手
	谷本	潤	九州大学大学院総合理工学研究科　助教授
	堤	和敏	芝浦工業大学システム工学部　教授

複雑系科学研究・広報ワーキンググループ

主　査	朝山	秀一	東京電機大学工学部　教授
幹　事	藤井	晴行	東京工業大学大学院理工学研究科　助教授
委　員	奥	俊信	北海道大学大学院工学研究科　教授
	兼田	敏之	名古屋工業大学大学院(おもひ領域)社会工学専攻　助教授
	小林	竜一	東京電機大学大学院工学研究科建築学専攻博士後期課程
	瀧澤	重志	京都大学大学院工学研究科　助手
	谷本	潤	九州大学大学院総合理工学研究院　教授
	堀池	秀人	(株)堀池秀人都市・建築研究所代表取締役
	武藤	至	岐阜工業高等専門学校建築学科　助教授

執筆担当者

第1章　　朝山　秀一　　河村　　廣

第2章　　朝山　秀一　　奥　　俊信　　小林　竜一
　　　　　佐藤　祐介※1)　新宮　清志　　瀧澤　重志
　　　　　谷本　　潤　　藤井　晴行　　堀池　秀人
　　　　　武藤　　至

第3章　　朝山　秀一　　奥　　俊信　　小林　竜一
　　　　　瀧澤　重志　　堤　　和敏　　藤井　晴行

第4章　　朝山　秀一　　奥　　俊信　　兼田　敏之
　　　　　小林　竜一　　佐藤　祐介※1)　椎野　　潤
　　　　　新宮　清志　　瀧澤　重志　　谷本　　潤
　　　　　堤　　和敏　　堀池　秀人　　前　　稔文※2)

※1) 日本大学大学院理工学研究科情報科学専攻　大学院生
※2) 東京電機大学研究員・同非常勤講師

複雑系と建築・都市・社会	定価はカバーに表示してあります
2005年4月15日　1版1刷発行	ISBN 4-7655-2485-X C3052

編　者	社団法人　日本建築学会
発行者	長　　　祥　　　隆
発行所	技報堂出版株式会社
	〒102-0075 東京都千代田区三番町8－7
	（第25興和ビル）

日本書籍出版協会会員
自然科学書協会会員
工学書協会会員
土木・建築書協会会員

電　話　営　業（03）（5215）3165
　　　　編　集（03）（5215）3161
ＦＡＸ　　　　（03）（5215）3233
振　替　口　座　　00140－4－10
http://www.gihodoshuppan.co.jp/

Printed in Japan

© Architectural Institute of Japan, 2005

カバーデザイン　ストリーム　　印刷・製本　技報堂

落丁・乱丁はお取り替え致します
本書の無断複写は，著作権法上での例外を除き，禁じられています．

●小社刊行図書のご案内●

建築用語辞典（第2版）	建築用語辞典編集委員会編	A5・1258頁
建築設備用語辞典	石福昭監修／中井多喜雄著	A5・908頁
室内空気質環境設計法	日本建築学会編	B5・180頁
マネジメント時代の建築企画	日本建築学会編	A5・310頁
集合住宅のリノベーション	日本建築学会編	B5・194頁
建築と環境のサウンドライブラリ	日本建築学会編	B5・96頁
都市・建築空間の科学 ──環境心理生理からのアプローチ	日本建築学会編	B5・230頁
シックハウス事典	日本建築学会編	A5・220頁
研究・実験施設の安全設計ガイドライン	日本建築学会編	B5・188頁
よりよい環境創造のための環境心理調査手法入門	日本建築学会編	B5・148頁
知的システムによる建築・都市の創造	日本建築学会編	A5・222頁
建築物の遮音性能基準と設計指針（第2版）	日本建築学会編	A5・480頁

技報堂出版　TEL 編集03(5215)3161　営業03(5215)3165　FAX 03(5215)3233